Efrosini Apostolakis, Maren Austermann, Diana Bekova, Lara Große, Katharina Kötter, Doreen Hüls, Leonie Jankowski, Hannah Krömer, Francisca Markus, Julia Nickel, Hannah Ossenbrügger, Neele Peters, Fine Renzel, Carlotta Trottenberg, Kristina Winter

StadtGeschichten 2012
Münsters Wettbewerb für junge Autoren

»**Fremd**Sein« | Kurzgeschichten | Band 5

Verlagshaus Monsenstein und Vannerdat | 2012

Impressum:

Verlagshaus Monsenstein und Vannerdat, »StadtGeschichten 2012«

© 2012 Verlagshaus Monsenstein und Vannerdat OHG

www.mv-verlag.de

Alle Rechte vorbehalten

Satz: Monsenstein und Vannerdat

Umschlag: Livingpage Media Ltd. & Co. KG

Druck und Bindung: Monsenstein und Vannerdat

ISBN 978-3-942153-13-3

INHALT

6 Grußwort des Oberbürgermeisters
8 Vorwort von Ulrich Elsbroek

11 Doreen Hüls: Anders – Dein Sein

Altersgruppe 11 bis 15 Jahre
12 Carlotta Trottenberg: Zuhause
24 Hannah Ossenbrügger: Helene
37 Lara Große: Eine Göttin unter Menschen
52 Fine Renzel: Orte von Fremde und Liebe

Altersgruppe 16 bis 19 Jahre
55 Francisca Markus: Allein gegen die Zeit
64 Efrosini Apostolakis: Der Kampf gegen mich selbst
69 Julia Nickel: Was ich noch sagen wollte
73 Neele Peters: In stiller Einsamkeit
75 Kristina Winter: Ein einzelnes Blatt
78 Maren Austermann: Hoffnung verleiht Flügel
85 Diana Bekova: Kälte
88 Leonie Jankowski: Steven
91 Hannah Krömer: Des Raureifs silbernes Hemd
106 Katharina Kötter: Sommarfest

112 Nachwort des Verlages und der Projektleitung
115 Danksagung

GRUSSWORT

Münster ist eine Kulturstadt von internationalem Rang, bekannt als Stadt der kulturellen Vielfalt mit vielen Veranstaltungen aus allen Bereichen des kulturellen Lebens. Münster ist auch bekannt als Stadt der Literatur, des Lesens, des Schreibens. Bedeutende Verlage haben in Münster ihren Sitz und die Bibliotheken weisen hervorragende Besucherzahlen auf.

Zur Bekanntheit der Stadt Münster als Stadt der Literatur trägt Münsters Wettbewerb für junge Autoren »StadtGeschichten« ganz exzellent bei.

Dieser ausgezeichnet konzipierte Wettbewerb fördert den literarischen Nachwuchs in beeindruckender Art und Weise und bietet ihm eine wunderbare Bühne. Und das kommt an: Die Zahl der eingesendeten Geschichten und ein um mehrere Wochen verschobener Einsendeschluss belegen eindrucksvoll die Begeisterung, die diesem Wettbewerb entgegengebracht wird.

So hat die renommierte Jury auch in diesem Jahr wieder eine ebenso schwere wie reizvolle und fesselnde Aufgabe gehabt. Reizvoll und fesselnd, weil sie bereits das Vergnügen hatte, sich von den eingereichten Geschichten in andere spannende, lustige oder aufschlussreiche Welten entführen zu lassen, in Fantasien zu versinken oder sich zum Verweilen einladen zu lassen. Schwer hatte es die Jury, weil sie aus genau diesen Gründen entscheiden musste, welche Geschichten ausgezeichnet werden.

Mein herzlicher Dank gilt dem Team von StadtGeschichten 2012 für seinen vorbildlichen Einsatz, dem Verlagshaus Monsenstein und Vannerdat, das jungen Autoren eine reizvolle Möglichkeit gibt, ihre Ideen und ihre Kreativität der Öffentlichkeit zu präsentieren, der Jury für ihr Engagement und ihr fachkundiges Votum, den Sponsoren, die diesen Wettbewerb hervorragend unterstützt haben und natürlich allen Autorinnen und Autoren, die mit ihren zahlreichen und ausgezeichneten Geschichten den Wettbewerb »StadtGeschichten 2012« zu einem großen Erfolg gemacht haben!

Markus Lewe
Oberbürgermeister der Stadt Münster

STADTGESCHICHTEN 2012: FREMDSEIN

Es gibt mindestens eine Form des Fremdseins, die untilgbar im genetischen Code der Menschheit festgeschrieben zu sein scheint: das Fremdeln der älteren mit der jüngeren Generation. Durch die Jahrtausende hindurch kann man sie hören, die Klage über eine Jugend, die oberflächlich, nur auf Vergnügungen aus und deshalb zu nichts zu gebrauchen ist. Kurz: Wenn diese Flegel die Verantwortung übernehmen, fährt der ganze Laden gegen die Wand. Garantiert!

Wer nun jedoch die in diesem Band versammelten literarischen Texte liest, kommt zu einem ganz anderen, gegenteiligen Schluss. Da durchdringen Autorinnen und Autoren im Alter zwischen 10 und 20 Jahren das Thema FremdSein in einer Tiefe, dass einem die Spucke weg-, und ein begeistertes »Wow!« übrigbleibt. Wer da noch von Oberflächlichkeit der Jugend redet, der hat wirklich keine Ahnung. Ein großes Kompliment an alle Teilnehmerinnen und Teilnehmer!

FremdSein – ein schillernder Begriff, der zum kreativen Spiel der unterschiedlichsten Ausprägung geradezu einlädt. Das Erfreuliche: Die Autorinnen und Autoren haben diese Einladung gerne angenommen. Da wird mit der kritischen Distanz, die für das künstlerische Schaffen unabdingbar ist, ein ganzes Kaleidoskop an Erscheinungsformen des Fremdseins untersucht. Da steht die Geschichte eines Waisenkindes neben der einer Bulimiekranken, die einer demenzkranken Mutter neben der eines manisch depressiven Mädchens.

Durchaus dunkle Farben, mit denen hier gemalt wird – was vor dem Hintergrund der Aufgabenstellung ja auch nachvollziehbar ist. Daneben lenken jedoch auch hellere Töne die Aufmerksamkeit auf sich. Eine Geschichte beschreibt die Wiederannäherung zwischen der todkranken Großmutter und ihrer Enkelin. In einem anderen Text räsoniert ein schwarzes Schaf über die Vorteile des Andersseins. Ein dritter Text erzählt mit einer mit Melancholie durchmischten Leichtigkeit eine sommerliche Begebenheit, bei der das Fremde gerade als das Interessante und Erzählenswerte erscheint.

Sicherlich herrscht bei den Beiträgen eine traditionelle Erzählweise vor, bei der die Ereignisse aus einer einheitlichen Perspektive in einer klaren zeitlichen Abfolge dargestellt werden. Aber es wird auch mit innerem Monolog, rein dialogischen Texten, mit Perspektivwechsel und mit einer Erzählstruktur experimentiert, die die erlebte Welt durch nur lose miteinander verbundene Realitätssplitter sichtbar macht. Und nicht zuletzt hat es auch ein Gedicht bis aufs Siegertreppchen geschafft.

Um Ihnen als Leser nur an drei Beispielen den genuin literarischen Reichtum dieser Texte näher zu bringen:

Ein Mädchen verarbeitet den Tod der geliebten Mutter, indem es sich mit einem ihrer Pullover kleidet. Dieses viel zu große Wäschestück veranlasst die Umwelt, die Trauernde als »Vogelscheuche« zu bezeichnen. Die existenzielle Verlusterfahrung führt also zu einer Absonderung von der Umwelt, die ihrerseits mit Distanzierung reagiert. Dialektik der Entfremdung.

Ein anderer Text schildert die Welt der Menschen aus dem Blickwinkel einer Katze und verfremdet sie dadurch. Zugleich ist die Katze als Teil dieser Welt ihrer natürlichen Umgebung beraubt und nimmt dies als ein Gefühl der Fremdheit wahr. Korrelation von Welt- und Selbstentfremdung.

Ein längerer Passus einer weiteren Geschichte handelt von einer Geheimschrift, die Kinder eines Waisenhauses in eine Schlammmasse einschreiben. Die Bedeutung dieser Schriftzeichen lässt sich indes nicht entschlüsseln. Damit zieht der Erzähltext den Leser selbst in einen Entfremdungsprozess hinein. Fremdsein als literarisches Spiel mit dem Rezipienten.

Es ließe sich noch weitaus mehr über die Fülle der inhaltlichen wie formalen Geistesblitze sagen, mit denen die Autorinnen und Autoren ihre Geschichten hier entfalten. Aber das lasse ich jetzt lieber sein. Denn erstens habe ich den mir hier zur Verfügung gestellten Platz bereits hinreichend ausgefüllt. Aber der zweite, viel wichtigere Grund: Die Texte befinden sich – solange ungelesen – in einem Zustand des Fremdseins. Es liegt also an Ihnen, diesen Schatz zu heben und zu Ihrem eigenen zu machen. Worauf also warten?

Ich wünsche Ihnen viel Spaß bei der Lektüre!

Ulrich Elsbroek

ANDERS
DEIN SEIN
Doreen Hüls

Lange in den Spiegel schauen
und auf den Lippen kauen.
Dich wieder und wieder fragen:
Soll ich's diesmal wagen?
Nicht mehr bloß der äußere Schein,
Anders sein!
Anders als die andern
auf eigenen Wegen wandern.
Sein, wie du zu sein vermagst
und seh'n, wie du gen Himmel ragst.

ZUHAUSE
Carlotta Trottenberg

Alleine ...

Vollkommen alleine ...

Sie saß alleine auf dem nassen Hügel, blickte der untergehenden Sonne nach. Sie versuchte ihre Gedanken bei sich zu behalten, dieses schreckliche Bild aus ihrem Kopf zu verbannen.

Dieses Bild des brennenden Hauses ...

Dieses Bild der schreienden Eltern ...

Sie kämpfte gegen die Tränen an, mit denen sich ihre Augen gefüllt hatten. Sie wollte nicht weinen. Nicht hier, nicht jetzt. Niemals mehr.

»Mia?«

Erschrocken fuhr sie herum. Die pummelige Frau stand keuchend auf dem Hügel, schon erschöpft von dem nicht sehr steilen Aufstieg und sah Mia an. Mia drehte sich resigniert um und starrte wieder auf den Sonnenaufgang. Die Frau kam angestapft und ließ sich schwerfällig neben Mia auf ihren Hintern fallen.

»Ich weiß, wie du dich fühlst«, meinte sie mitfühlend.

Nein, dachte Mia. *Weißt du nicht. Du kennst nicht diese unbeschreibliche Leere in deinem Bauch, das Gefühl, an allem schuld zu sein oder auch nur die Angst vor der eigenen Zukunft.*

Sie war wütend auf die Frau. Die wollte doch nur, dass Mia ihr vertraute. Doch sie verstand gar nichts. Heuchelte Mitgefühl. Nur für Vertrauen. Wie viel war Vertrauen hier wert? Die wollte doch nur Vertrauen, damit Mia *nach Hause*, ins Heim kam. Oder? Ja bestimmt. Ihre Wut wurde immer größer.

»Weißt du, du bist nicht die Einzige, der so etwas Schreckliches widerfahren ist. Viele Kinder bei uns haben das durchgemacht. Vielleicht kannst du mit ihnen mal darüber reden. Sie werden dir helfen, das alles hinter dir zu lassen.«

Mia konnte sich nicht vorstellen, dass diese lachenden, glücklichen Kinder jemals einen solchen Schmerz wie sie empfunden haben könnten. Sie wollte mit solchen Kindern nichts zu tun haben. Denen schien es egal zu sein, dass sie keine Eltern mehr hatten, trauerten keine Sekunde mehr um sie.

Mia wollte das nicht. Sie wollte ihre Eltern nicht vergessen.

»Komm mit, wir wollen jetzt essen.« Die Frau, von der Mia sich erinnern konnte, dass sie Frau Wiedel hieß, legte vorsichtig ihre Hand auf Mias Schulter. Unwillig schüttelte Mia die Hand ab.

Sie hatte keinen Hunger.

»Kommst du? Wir wollen die anderen doch nicht warten lassen, oder?« Frau Wiedel war aufgestanden. *Doch*, dachte Mia wütend, *wollen wir wohl*. Sie tat so, als hätte sie die Heimleiterin nicht gehört und schaute weiter Richtung Sonnenuntergang.

»Mia!«, Frau Wiedel klang jetzt eindringlich. »Ich möchte, dass du jetzt mitkommst! Du wirst dich in Gesellschaft besser fühlen. Und diese Gesellschaft kannst du bei uns bekommen.« Langsam stand Mia auf, sah Frau Wiedel jedoch nicht an, sondern guckte weiter stur geradeaus. Frau Wiedel hatte schon begonnen, den Hügel hinunterzusteigen, und Mia trödelte nun langsam hinter ihr her.

Schon von weitem konnte sie die bröckelige Fassade des Waisenheims sehen. Rauch stieg aus dem extrem langen Schornstein auf und Mia konnte erkennen, dass die Eingangstür weit geöffnet war. Als sie näher kam, konnte sie schon das leise Lachen der Kinder hören. Abrupt blieb Mia stehen. Sie stellte sich vor, wie sie den Speisesaal betreten würde, wie alle Gespräche plötzlich verstummen und unzählige neugierige Blicke sich auf Mia heften würden. Allein bei der Vorstellung begann ihre Haut unangenehm zu prickeln.

Frau Wiedel hatte sich umgedreht, da Mia sie noch nicht eingeholt hatte, und sah Mia nun so unschlüssig weit hinter ihr stehen. »Komm!«, meinte sie aufmunternd. Mia schüttelte stumm den Kopf und verschränkte schützend die Arme vor ihrem Körper. Sie spürte den Kloß, der sich in ihrem Hals festgesetzt hatte, bekam kaum noch Luft vor Angst, noch einen Schritt weiter Richtung Waisenheim zu gehen.

Ja, sie hatte Angst.

Sie wollte es sich selbst gegenüber nicht zugeben, aber sie wusste es. Sie versuchte, sich ihre Angst auszureden, sich zu sagen, dass sie Angst vor ihrem eigenen Zuhause hatte. Doch dieses kleine, fiese Stimmchen in ihrem Kopf, das niemals log, flüsterte ihr etwas anderes zu:

Das ist nicht dein Zuhause. Dein Zuhause war der Ort, wo jetzt nur noch Asche und Trümmer sind. Das hier ist der Ort, der zu deinem Zuhause gemacht werden soll, du wählst ihn nicht selbst. Dieser Ort hier wird dir aufgezwungen und du kannst dich nicht dagegen wehren.

Mia taumelte ein paar Schritte zurück und starrte wie gebannt auf das Waisenhaus.

Dieser Ort hier wird dir aufgezwungen.

Langsam drehte Mia sich um und begann wieder, den Hügel hinaufzukraxeln. Erst langsam, dann immer schneller. Sie wusste auch nicht, wieso sie solche Angst hatte. Sie wusste nicht einmal, wohin ihre Beine sie gerade trugen. Sie wollte nur hier weg.

Weg von den ganzen fremden Kindern.

Weg von dem Ort, der ihr aufgezwungen werden sollte.

Sie hörte die immer leiser werdenden Rufe der Heimleiterin weit hinter sich. Sie lief einfach weiter, bis sie irgendwann bemerkte, wo sie überhaupt war: Vor ihr lag etwas tiefer ein dreckiges, schlammiges Stück Erde. Alle paar Meter konnte man ein paar vertrocknete Spitzen von Grashalmen sehen, die durch die weiche Schlammmasse brachen und überall waren irgendwelche Zeichen und Wörter in den Schlamm geschrieben worden. Normalerweise wäre Mia jetzt vorsichtig hinunter in den Schlamm gestiegen und hätte versucht, die Symbole zu entziffern; doch jetzt hielt sie sich zurück. Das lag hauptsächlich daran, dass dort schon jemand war. Ein rothaariges Mädchen stand knietief im Schlamm und ritzte mit einem langen Stock an einem Symbol herum.

Das Mädchen drehte sich langsam um, es schmatzte laut, als sich ihre nackten Füße von dem Schlamm lösten. Mia öffnete den Mund, um etwas zu sagen, aber es kam kein Wort heraus. Das Mädchen wirkte irgendwie seltsam, inmitten ihrer Schlammzeichnung, über und über mit Dreck bespritzt. Nun sah das Mädchen Mia an. »Wer bist du?«

Noch so eine! Mia wusste, dass das Mädchen aus dem Waisenheim kommen musste. Das Mädchen versuchte, nett zu ihr zu sein, doch Mia wollte das nicht. Sie schwieg. Es war ihr egal, wie unhöflich sie jetzt war.

»Bist du Mia?«, das Mädchen lächelte freundlich.

Wut loderte grundlos in Mia auf. Diese Wut war durch ein einziges Wort in dem letzten Satz des Mädchens ausgelöst worden: *Mia! Wie lange wussten die Kinder des Waisenhauses schon von ihr? Was wussten sie über Mia?*

»Was geht dich das an?«, fauchte Mia. Sie starrte das Mädchen wütend an, hoffte sogar ein bisschen, dass das Mädchen selber wütend und Mia anschreien würde. Vielleicht würde das gegen die Taubheit und Leere in Mias Körper helfen.

Doch das Mädchen schaute nur traurig zurück, das Lächeln verblasste auf seinen Lippen. Es zuckte nicht einmal zusammen. Dann drehte es sich um und stampfte davon.

Es tat ein wenig weh, das Mädchen gehen zu sehen. Mia fühlte sich schuldig. Doch das Mädchen war schon weg, es war zu spät, um irgendetwas zu ändern.

Plötzlich fiel ihr Blick wieder auf die Zeichnungen im Schlamm. Als sie darauf zuging, merkte sie, dass das Ganze eine Ordnung zu haben schien. Die Symbole waren alle ungefähr gleich groß und waren ordentlich nebeneinandergesetzt. Und zwar nicht einfach irgendwie und irgendwelche, sondern die Symbole wiederholten sich immer wieder. Sie sahen nicht aus, als ob sie nur irgendein Gekrickel eines Kindes seien.

Wahrscheinlich eine Art Schrift.

Es schien, als ob nicht nur eine Person den »Text« verfasst hatte, sondern mehrere. Langsam ließ sie sich im Schlamm nieder. Vorsichtig begann sie, die erste Zeile abzuzeichnen. Symbol für Symbol ritzte sie neben sich in die Schlammkruste, achtete dabei auf Schnörkel und Verdickungen.

Am Anfang tat sie sich schwer, doch nach einiger Zeit fiel es ihr immer leichter, die Symbole zu malen, einige kannte sie bald schon auswendig.

»Das Zeichen ist nicht ganz korrekt.«

Überrascht schaute Mia auf. Das Mädchen mit den roten Haaren hockte neben ihr und lächelte sie an. Das Mädchen deutete auf eine Rune: »Da muss noch ein Schnörkel dran.«

Still verbesserte Mia die Rune und fügte weitere Schriftzeichen zu ihrer Abbildung des Textes hinzu. Plötzlich hielt sie inne und sah etwas betreten zu dem Mädchen auf: »Tut ... Tut mir leid wegen eben.«

»Ist nicht so schlimm. Uns geht es allen scheiße, wenn wir hier ankommen. Ich heiße Lara.«

»Hallo Lara.« Mia lächelte zögernd.

»Weißt du, was das ist?« Lara deutete mit dem Kinn auf die Schrift im Schlamm.

Mia schüttelte den Kopf: »Ein Text?«

»Ja, stimmt. Es ist eine Art Zusammenfassung unserer Geheimnisse. Wenn irgendjemand aus dem Heim bereit ist, den anderen Kindern sein Geheimnis anzuvertrauen, schreibt man es hierhin, damit jeder es lesen kann.«

Mia runzelte die Stirn. »Ihr habt eine eigene Geheimschrift und vertraut euch sogar eure Geheimnisse an?«

In Laras Gesicht zuckte etwas auf, das Mia nicht so ganz einordnen konnte. »Wenn du erst einmal länger hier bist, wirst du verstehen. Wir sind wie Geschwister. Einige hier kennen sich schon ihr ganzes Leben. Wenn du mit jemandem jeden Tag das Frühstück, Mittagessen und Abendessen isst, wenn du mit jemandem zur selben Zeit schlafen gehst, vielleicht sogar im selben Zimmer, dann beginnst du ihn zu mögen und zwar stärker als bei einer einfachen Freundschaft.«

»Oh. Ähm, ja ... Werde ich auch ... Ich meine, bringt ihr mir das auch bei, die Schrift zu lesen und zu schreiben?«

»Ja klar. Jeder lernt das hier. Aber ...« Lara hielt kurz inne und sah Mia in die Augen. »Aber natürlich nicht sofort.«

Mia nickte. »Man muss zuerst das Vertrauen der anderen gewinnen, bevor man deren Geheimnisse erfahren darf«, sagte Lara leise. »Sag mal Lara, warum schreibt ihr das Ganze denn hierhin? Hier wäscht der Regen doch regelmäßig alles weg.«

»Ja klar, muss er auch, sonst wäre ja schon bald die gesamte Landschaft rund ums Heim vollgeschrieben. Es regnet hier auch nicht sooo oft, so dass jeder Zeit hat, wenn er etwas hinschreiben will. Und bevor du fragst: Frau Wiedel kann die Schrift nicht lesen, also keine Sorge, falls du irgendetwas mal schreiben willst.« Lara grinste breit.

Mia fiel keine weitere Frage ein, Lara hatte die letzte soeben beantwortet und so saßen die beiden Mädchen nun schweigend nebeneinander im Schlamm.

Lara begann schließlich wieder als Erste zu sprechen: »Du willst wahrscheinlich noch nicht mitkommen und mit uns allen essen, oder?«

Mia schüttelte den Kopf. Lara war zwar total nett, aber wer sagte denn, dass die anderen auch so drauf waren? Und außerdem wollte Mia sowieso noch nicht in größere Gesellschaft kommen. Sie hatte zwar keine richtige Angst mehr vor den anderen Kindern, aber wirklich geheuer war ihr das Ganze doch nicht.

Lara nickte wissend: »Dachte ich mir. Das will keiner von denen, die neu im Heim sind.« Sie sah Mia an. »Aber hättest du vielleicht Lust, dass ich uns etwas zu essen hole und wir dann hier essen?«

Mia guckte etwas verunsichert: »Wäre das für Frau Wiedel denn in Ordnung?«

»Frau Wiedel?« Lara lachte. »Klar, das ist die gewohnt!«

Etwas an Lara sorgte dafür, dass es Mia irgendwie besser ging. Ob es an Laras ansteckendem Lachen oder einfach an ihrer freundlichen Art lag, wusste Mia nicht. Aber sie war froh, dass Lara da war.

»Dann geh ich mal«, meinte Lara. Sie stand auf und lief Richtung Waisenheim.

Jetzt saß Mia alleine dort. Sie überlegte, wie die anderen Kinder wohl drauf waren. Es gab doch bestimmt auch hier, wie an jedem anderen normalen Platz der Welt, Blödmänner, die einem das Leben schwer machten. Die Waisenkinder hatten sicher auch viele Kontakte zu Kindern, die nicht im Waisenheim saßen. Also musste nur einmal so ein Blödmann sauer auf dich sein und schon wusste die ganze Welt dein Geheimnis. Doch anscheinend verriet niemand irgendwelche Geheimnisse weiter, sonst hätten die Kinder das mit der Schrift und den Geheimnissen doch bestimmt schnell gelassen.

Es dauerte nicht lange, dann kam Lara auch schon zurück. Mit zwei Tellern Suppe auf einem großen geblümten Tablett, das sie vor sich hertrug. Sie setzte sich neben Mia und die beiden begannen schweigend, ihre Suppe zu essen.

Vorsichtig begann Mia zu sprechen: »Du, Lara. Wie sind eigentlich deine Elt... Wie bist du im Waisenheim gelandet?«

»Ich? Ich hatte Glück. Ich habe meine Eltern nie gekannt. Sie haben mich als Baby wahrscheinlich vor die Tür des Waisenheimes gelegt, auf jeden Fall hat mich Frau Wiedel dort gefunden.«

Diese Worte waren hart.

Ich hatte Glück.

War es wirklich Glück, wenn man seine Eltern nie gekannt hat, nie die elterliche Liebe kennengelernt hat, selbst wenn man sie später dann verlor?

Mia merkte nicht, wie die Zeit verging, wie lange Lara und sie dort schon saßen, doch irgendwann bemerkte sie, dass es schon fast ganz dunkel war. Nun schien das auch Lara zu merken. Auf jeden Fall stand sie auf und sah Mia an: »Wir sollten jetzt gehen. Wir dürfen uns nicht so lange alleine draußen im Dunkeln aufhalten!«

»Okay ...« Mia versuchte es mit einem Lächeln, das aber ein wenig schief geriet. Sie sammelte die leeren Teller ein und sah Lara etwas verlegen an. »Ähm ... Wo sind wir noch mal hergekommen?«

Lara lachte laut auf und hob eine Augenbraue: »Weißt du das denn nicht mehr?« Sie wartete auf die Antwort, doch als sie Mias ahnungsloses Gesicht sah, lächelte sie nachsichtig. Sie deutete in Richtung Osten und fasste kurz und knapp zusammen: »Da lang!«

Als sie dann in dem Vorgarten des Heimes standen und auf die Tür blickten, wurde Mia wieder mulmig zumute. Sie leckte sich nervös über die Lippen, würgte den Klos im Hals hinunter und holte tief Luft, dann trat sie durch die Tür. Der Raum, in dem die beiden Kinder nun standen, war relativ leer, nur eine kleine Leseecke mit gemütlichen Sofas und ein großer hölzerner Schreibtisch mit einem kleinen Schreibblock standen dort. Alle Lampen, bis auf eine kleine, flackernde Schreibtischlampe, waren gelöscht.

Lara steuerte geradewegs auf eine schmale Wendeltreppe zu, die Mia bis jetzt noch gar nicht bemerkt hatte. Langsam tappte Mia hinter ihr her. Die alten Stufen knarrten leise und bogen sich bei jedem ihrer Schritte.

»Wir sind am besten leise. Frau Wiedel ist gegenüber Lärm stark allergisch.« Laras Gesicht lag im Schatten, doch Mia erkannte trotzdem das Lächeln, das darüber huschte. »Sind deine Sachen schon oben?«

Mia hatte nur die wenigen Sachen mit, die vor dem Feuer gerettet werden konnten: Kleidung, die im Keller gelegen hatte. Ein paar Bücher, die im Flur liegen geblieben waren. Schuhe. Jacken. Mehr nicht.

»Öhm ... Keine Ahnung ... Frau Wiedel hatte meine Taschen.« Wie musste das jetzt auf Lara wirken? Als ob Mia erwartete, dass alle Leute ihre Sachen hinter ihr herräumten. Doch sobald Mia beim Heim angekommen war, war sie auch schon wieder weg gewesen, hatte sich auf den Hügel geflüchtet.

»Keine Sorge. Frau Wiedel hat die Taschen nach oben gebracht. Das tut sie immer. Sie versteht, dass die Neuen nicht die Nerven dafür haben, irgendwelche Taschen nach oben zu bringen.«

Mia schwieg. Verstand Frau Wiedel das wirklich? Vielleicht war ihre Meinung über Frau Wiedel ja doch falsch gewesen. Vielleicht wollte Frau Wiedel ja doch nur helfen. Aber wenn sie die Kinder hier wirklich verstand, warum hatte sie Mia dann nicht alleine gelassen? Mia wollte sich jetzt nicht damit befassen. Sie schüttelte den Gedanken ab und trat nun zusammen mit Lara auf einen langen, einsamen, stockdunklen Flur.

Nachdem sich ihre Augen an die Dunkelheit gewöhnt hatten, konnte sie die schemenhaften Umrisse vieler kleiner Gemälde an den Wänden erkennen. Sogar Teppiche hingen dort. Teure Teppiche. Handgewebt und riesengroß. *Womit verdient das Heim das Geld für so einen seltenen Schmuck?*, überlegte Mia.

Während Mia noch den Wandschmuck bestaunte, ging Lara schon zielsicher auf eine niedrige Tür zu und stand schließlich davor.

»Das hier ist der Schlafsaal für uns Mädchen. Da werden auch deine Taschen sein«, meinte Lara.

Jetzt stand Mia neben ihr. Sah auf die Tür, die sie von den Mädchen des Heimes trennte (oder schützte?). Unschlüssig stand sie da, wusste nicht, ob es besser für sie war, jetzt einfach einzutreten oder lieber draußen zu bleiben. Fast konnte sie die vernünftige Hälfte ihres Gehirns aufstöhnen hören: *Schon wieder Angst!* Sie nahm sich zusammen und öffnete die Tür. Als allererstes sah sie die Betten. Einfache Holzbetten, in Reih und Glied aufgestellt, mit jeweils einer dünnen Bettdecke darauf. Recht gut für ein Waisenheim. Dann sah sie die Mädchen. Es waren viele. Bestimmt mehr als 15. Große und kleine, alte und junge, dünne und … na ja, eigentlich nur dünne. Sie saßen auf ihren Betten und lasen Bücher, spielten ein Brettspiel, das Mia definitiv nicht kannte und einige redeten auch einfach nur mit ihren Bettnachbarn. Doch nun richteten sich alle Blicke auf Mia. In einigen Blicken konnte Mia Mitleid erkennen, einige waren einfach nur neugierig und ein paar Mädchen schauten kurz auf, nur um nach eingehender Musterung wieder ihren Aktivitäten nachgehen zu können. Ein Mädchen jedoch war direkt aufgestanden, nachdem Mia und Lara den Raum betreten hatten. Sie hatte kurze, braune Haare und war ziemlich groß. Mia schätzte sie auf etwa zwölf Jahre. »Lara.« Schon allein die Tonlage, in der das Mädchen gesprochen hatte, verriet Mia, dass sie und Lara ziemlich gut befreundet sein mussten.

Lara grinste: »Lilly.«

L & L. Lara und Lilly.

Mia ging auf ein leer stehendes Bett zu. Daneben stand ein kleines Nachttischchen mit einer Kerze darauf. Direkt über dem Bett war ein Fenster. Langsam ließ Mia sich auf dem Bett nieder. Es war hart, aber etwas anderes konnte man nicht erwarten. Lange nicht so weich wie zuhause.

Zuhause.

Sie erinnerte sich nur zu gut an die weichen Kissen, das warme Essen und das große Zimmer. All das konnte ihr das Waisenheim nicht bieten. Plötzlich überfiel sie eine bleierne Müdigkeit. Sie vergrub den Kopf in den Händen.

»Wo sind eigentlich meine Taschen?«, fragte Mia müde in die Runde. Augenblicklich eilte Lara durch das Zimmer und zog Mias Taschen unter Mias Bett hervor.

Vorsichtig öffnete Mia die Taschen. Der Anblick ihrer Kleidung und persönlichen Dinge ließen bei Mia wieder unangenehme Erinnerungen hochkommen. Es waren schöne Erinnerungen an ihre Eltern, ihre Freunde, ihre ganze Familie und doch taten sie weh, schnürten ihr die Kehle zu und trieben ihr die Tränen wieder in die Augen. Sie drückte die Taschen an sich, ganz fest, wollte nicht loslassen. Sie vergaß alles um sich herum. Sie kramte in einer ihrer Taschen, suchte hektisch nach dem Buch. Fand es. Sie strich über den Einband und klappte es auf. Es war ihr Lieblingsbuch gewesen, als sie klein war. Jeden Abend hatte ihre Mutter es mit ihr lesen müssen. Sie blätterte darin herum, entdeckte die vielen kleinen Bildchen auf jeder Seite.

Laras Stimme riss sie aus ihren Gedanken: »Hier, zieh das hier an.« Sie hatte ein Nachthemd unter Mias Bettdecke hervorgeholt. Stumm nahm Mia es ihr ab. Es war dünn, wärmte bestimmt kaum. Sie zog es an, ihr war egal, dass ihr irgendwer zusah. Dann ließ sie sich ins Bett fallen, zog die dünne Bettdecke über sich. Auch die Anderen gingen nun allmählich ins Bett. Das Licht wurde ausgemacht und es wurde still. Schon bald schienen alle zu schlafen. Außer Mia. Sie lag wach in ihrem Bett, sie war müde, doch sie konnte nicht einschlafen. Sie richtete sich auf und schaute aus dem Fenster. Mia hatte gehofft, dass sie den Mond sehen könnte, doch der ganze Himmel war wolkenverhangen. Sie ließ ihren Blick über die schlafenden Heim-Mädchen wandern. Sie stellte sich vor, wie es sein würde, wenn sie morgen aufwachen würde. Sie hatte immer noch ein wenig Angst vor den anderen Heimkindern, doch da war etwas, was ihr helfen würde. *Jemand*, der ihr helfen würde. Lara. Da lag sie. Mia musste an ihre Bemerkung im Schlamm denken.

Ich hatte Glück.

Nein, sie hatte eindeutig kein Glück gehabt. Mia wusste nicht, wie sie wäre, wenn sie ihre Eltern nicht gekannt hätte. Auf jeden Fall nicht so wie jetzt. Doch eigentlich war es ihr egal. Lara war freundlich zu ihr gewesen, hatte sie getröstet und sie in das Geheimnis des Heimes eingeweiht. Lara hatte Mia kaum gekannt und doch hatte sie sich um Mia gekümmert.

Mia war einfach nur froh, dass Lara da war.

HELENE
Hannah Ossenbrügger

Ich erinnere mich noch genau an den Tag. Es war der 23. Dezember, der Tag, der mein Leben für immer verändern würde. An dem Tag starb meine Mutter. Sie war ein so gütiger Mensch gewesen, immer aufrichtig und liebevoll. Sie half jedem und wenn jemand anklopfte, so öffnete sie und hatte Zeit für ihn. An diesem Tag klingelte das Telefon. Als ich abhob, hörte ich die Stimme meines Vaters, schluchzend sagte er nur drei Wörter und ich rannte schreiend hinaus: »Es ist vorbei!«

Ich rannte durch die engen Gassen der Petronusstraße, weiter über Felder, die Tränen flossen mein Gesicht hinunter, dann weiter in die Lilienallee und als ich das Krankenhaus erreichte, da war ich verheult und verdreckt, am Boden zerstört. Ich drückte die schwere Glastür auf, lief über die sauberen Fliesen der Klinik und bog in den Flur der Zimmer 109-120 ein, der Bereich der Intensivstation. Ich stieß die Tür auf und sank schluchzend auf den Boden, noch bevor ich meine Mutter erreichte. Ich schrie, der Schmerz in meinem Herzen stach: »Es ist nicht vorbei! Sie wird gleich aus diesem Bett steigen und mich in die Arme nehmen! Helfen Sie ihr doch!«

Ich konnte es nicht fassen, ich konnte es nicht verstehen. Warum war sie von dem Zug erfasst worden? Warum war der Krankenwagen so spät gekommen? Ich habe mich unter die Bettdecke gelegt und Mama in die Arme genommen. Ich habe nur noch geweint …

Auf der Beerdigung wollte ich mit dem Sarg unter die Erde, doch Papa hielt mich von dem Sprung ab. Er verstand meinen Schmerz nicht, ich hatte sie mehr geliebt als er.

Seither sind drei Jahre vergangen. Ich besuche das Grab jeden Tag, ich bete an ihrem Kreuz, lege Blumen für sie dorthin. Blumen für meine Mutter Anna Maria Verge. Ich glaube, es war erst gestern, als ich einen Luftballon mit Botschaft für sie in den Himmel abschickte. Der Zettel war aus normalem Tonpapier ausgeschnitten. Auf ihn habe ich geschrieben:

Liebe Mama!

Hoffentlich geht es dir dort oben gut. Papa und ich sind aus Telgte weggezogen. Nun leben wir in Münster, in einer Wohnung mit drei Zimmern, sie ist sehr klein (zu klein wie ich finde) und liegt unterm Dach im sechsten Stock. Der Weg zu deinem Grab ist sehr weit, mit dem Fahrrad zwei Stunden. Morgen werde ich auf meine neue Schule kommen. Papa hat gesagt, es wäre eine Realschule, die nahe liegt. Ich bin schon sehr gespannt, aber wenn ich aus der Schule komme, werde ich dich vermissen. Sonst hast du ja auf mich gewartet! Münster ist sehr schön, doch fremd und neu für mich. Ich kann noch nicht einmal bis zu der Bäckerei drei Straßen weiter laufen, ohne mich zu verirren. Bitte denke jetzt nicht, dass ich zu dumm dafür bin, ich habe einfach Angst, mich zu verlaufen und Papas neue Handynummer kenne ich auch noch nicht auswendig. Morgen sage ich dir gerne mehr.

Ich drücke dich ganz fest,
Helene
PS: Ich liebe dich!

Heute bin ich früher aufgewacht als sonst. Das liegt nicht an dem Knacken der Regenrinne, sondern ganz allein daran, dass ich so aufgeregt bin. Papa hat mir einen neuen Tornister gekauft, einen blauen mit lila Blumen darauf.

Wenige Minuten später kommt er auch schon ins Zimmer: »Aufstehen, du Schlafmütze!« »Hey, das kitzelt!«, lache ich, als er mir über den Bauch streichelt. »Nun aber ab ins Bad!« Papa wirkt erschöpft, er ist blass und hat Augenringe, sein Haar ist noch zerzaust und seine Krawatte hängt schief. Ich möchte es ihm aber nicht sagen, da ich Angst habe, dass er schlechte Laune bekommt. Ich suche mir einen blauen Schlabberpulli und ein paar alte Turnschuhe von Mama raus. Nachdem ich geduscht habe und «Reif« in meinen Ohren immer noch die Melodie summt (ich höre die Gruppe oft beim Duschen), gehe ich müde in die Küche. Der Geruch von angebranntem Toast kommt mir entgegen. »Bäh!«, ich halte mir die Nase zu. »Kannst du nicht mal das Fenster öffnen?«, frage ich und meine Stimme klingt wie die einer Ente (mit zugehaltener Nase kann ich nicht sprechen). »Habe ich schon. Bringt nichts!«, erwidert er. »Sag mal, hast du von gestern auf heute einen neuen Stil, was Kleidung betrifft?«

»Nein!«, sage ich.

»Du siehst komisch aus!«, bemerkt er.

»Du bist gemein! Ich möchte doch nur ein bisschen Mamas Nähe spüren und deshalb trage ich ab heute nur noch ihre Klamotten.«

»Ich weiß ja nicht«, zweifelt Papa. »Schau dich doch mal an!«

Ich stelle mich vor den Küchenspiegel. Die Ärmel des Pullis hängen mir über den Händen, die Hose ist viel zu weit und schleift über den Boden, die Turnschuhe sind zu groß und der Hut rutscht mir ins Gesicht. Wütend drehe ich mich um.

»Du hast Recht! Ich sehe aus wie eine Halloweengestalt!«, sage ich. »Aber das ist egal! In Mamas Sachen fühle ich mich wohl.«

Ich bestreiche mir ein Brötchen mit Himbeermarmelade.

»Wann müssen wir eigentlich da sein?«, frage ich. »Acht!«, murmelt Papa. Ich gähne, lasse den Rest meiner Mahlzeit auf dem Teller liegen (so wird das Brötchen bestimmt hart werden!)

und putze mir in Windeseile die Zähne. »Komm schon, Papa! Wir kommen zu spät.« Ich drängel meinen verschlafenen Vater. »Das waren keine drei Minuten!«, sagt er, stöhnend setze ich das Putzen fort. »Jetzt zufrieden, du Zauskopf?«, frage ich. Papa sieht mich verwundert an.

»Du hast dich nicht gekämmt, nicht rasiert und deine Krawatte ist schief!«, kläre ich ihn auf. Er geht fluchend und macht sich frisch. Als er wieder aus dem Bad kommt, sieht er schon eher aus wie mein Vater (mal von den Turnschuhen abgesehen). Wir steigen zusammen ins Auto. Stolz präsentiere ich den Leuten beim Einsteigen meinen neuen Tornister, indem ich ihnen zuwinke und sie so auf mich aufmerksam werden. Die Fahrt kommt mir wie ein ganzer Tag vor, wobei der Zeiger der Uhr im Auto erst fünf Minuten weitergerückt ist. An der neuen Schule angekommen, springe ich aus dem Auto, knalle die Tür zu und sehe mich um. Auf dem geteerten Schulhof stehen viele Bänke und Geräte, ein paar Linden spenden Schatten und das Schulgebäude ragt empor.

»Kannst froh sein, dass ich noch einen Platz für dich ergattert habe!«, schmunzelt Papa. »Soll ich dich begleiten?« »Nein danke, ich bin kein Baby mehr und möchte mich nicht mit einem Vater mit grauem Sakko und rot-blauen Turnschuhen blamieren. Tschüss!« Ich drücke ihm noch einen dicken Kuss auf die Wange und umarme ihn flüchtig, dann renne ich davon. Auch dieses Gebäude ist fremd.

Nach einigen Minuten erreiche ich mit Hilfe des Hausmeisters den Klassenraum. Ängstlich klopfe ich an. Vorsichtig glätte ich meinen Schlabberpulli etwas und binde mir die kaputten Schuhe zu. »Herein!«, eine glöckchenhelle Stimme bittet mich, die Tür zu öffnen. Ich trete ein. Alle Augen sind auf mich gerichtet. Die Lehrerin kommt auf mich zu. Ein Gestank von altem Zigarettenrauch steigt mir in die Nase.

»Das, meine Lieben, ist Helene Verge ...«, doch noch bevor die Frau ihren Satz vollenden kann, bricht die Klasse in tosendes Gelächter aus. Ich fühle mich klein, sehr klein, schon jetzt merke ich, dass die Klasse sehr viel Macht über mich hat. Auch die Lehrerin lacht zischelnd: »Ja! Wirklich ein sehr lustiger Name.« Ich kämpfe gegen die Tränen.

Nachdem ich ein bisschen über meine Hobbys erzählt und gesagt habe, dass ich neu in der Stadt bin, setze ich mich an einen Einzeltisch. Der Unterricht zieht sich dahin und als der lang ersehnte Pausengong ertönt, renne ich hinaus und mische mich unter den Strom der Schüler, der sich die Treppen hinunter auf den Schulhof drängt. In der Pause setze ich mich unter eine Linde und trinke meine Milch. Die Kinder machen alle so abweisende Gesichter, so, als würden sie es nicht gern haben, wenn neue Leute in ihre Klasse kommen. Die Schüler toben auf einem Klettergerüst herum und die Luft ist von Rufen und Lachen erfüllt. Nach der Pause folgen Mathe, Physik und Erdkunde, alles Fächer, die ich hasse wie die Pest. So ist es eine Erlösung, als nach dem Mittagessen in der Cafeteria Kunst und Sport dran sind. Als die sechste Stunde verstrichen ist, holt mich Papa mit dem Auto ab.

»Und meine Kleine, wie war's?«

»Ganz gut!«, murmele ich, als ich den Tornister auf den Sitz packe und mich anschnalle. »Nur am Anfang haben sie sich über meinen Namen lustig gemacht.«

»Wer?«, fragt Papa.

»Die Kinder und die Lehrerin.«

»Was, die Lehrerin auch?!«

»Ja! Ich habe fast geweint.«

»Unerhört.« Papa klingt zwar nicht ganz überzeugend, aber ich mag es, wenn er sich ärgert.

»Hättest du doch lieber den Namen deiner Mutter angenommen.«

»Wie?«, ich bin ratlos.

»Na, Kirschbaum! Aber als deine Mutter mich geheiratet hat, da wollte sie gerne meinen Nachnamen Verge annehmen. Kirschbaum hätten die Schüler und die Lehrerin bestimmt halb so schlimm gefunden.«

»Schon okay!«

Die ganze Fahrt über unterhalten wir uns über den Schultag. Papa findet, dass die Klasse doch eigentlich ganz gut ist.

Am nächsten Tag ziehe ich wieder Sachen meiner Mutter an, da ich mich in ihnen wohl fühle, auch wenn ich komisch aussehe. Papa hat wie immer Bedenken, aber ich lasse mich nicht stören.

In der Klasse angekommen, passiert es dann, als die Lehrerin mich den Kindern vorstellt, die gestern krank waren, und sie abermals sagt: »Ja, ein wirklich bemerkenswerter Name!« Da ruft ein Junge plötzlich: »Nein, Frau Minderrein, schauen Sie sich doch einmal ihre Sachen an, die sieht aus wie eine Vogelscheuche, also ich würde sofort wegrennen! Die hatte diese Sachen ja schon gestern an, die ist wohl zu arm, um sich Klamotten leisten zu können!« Dann bricht der Junge in schallendes Lachen aus. Alle stimmen ein und kichern ebenfalls. Da rollt auch schon eine Träne aus meinen roten Augen.

Nachdem ich mich neben ein Mädchen gesetzt habe, welches etwas von mir zur Seite rückt, packe ich meine Sachen aus und probiere, nicht auf die Papierkügelchen zu achten, die im Matheunterricht auf mich geworfen werden. Schließlich öffne ich sie, eines nach dem anderen:

»Plumpsack!«

»Sackgesicht!«

»Blödscheuche!«

Mit jedem neuen Wort werde ich ängstlicher und trauriger. »Achte nicht auf sie!« Mit blauer Tinte stehen diese tröstenden

Worte dort, aber was hilft schon ein Satz? Alle sind gegen mich! Schluchzend lege ich meinen Kopf auf die kalte Tischplatte.

In der Pause tönt eine Stimme durch den Lautsprecher, eine Kinderstimme, dessen Worte mich weinend davonlaufen lassen. Einer aus der Klasse ruft durch den Lautsprecher: »Vogelscheuche, Vogelscheuche!«

Zuhause angekommen, stoße ich die Tür auf und renne in mein Zimmer. Papa kommt verwundert dazu: »Was ist denn?« »Früher Schulschluss!«, erwidere ich schluchzend. »Und deshalb weinst du?« Er setzt sich neben mich aufs Bett. Ich sage kein Wort von dem, was vorgefallen ist, sondern frage ausweichend: »Haben wir noch einen Luftballon?« »Klar!«, er geht. Ich streife mir meine Jacke über. Mein Vater kommt mit einem roten Ballon wieder herein. Ich schnappe ihn mir, renne hinaus und fahre zum Friedhof. An der Kreuzung Nord halte ich erschöpft und hole Luft. Ein Auto kommt um die Ecke und nimmt mir fast die Vorfahrt, doch ich lasse mich nicht beirren und fahre weiter. Ein dicker Kloß im Hals macht mir das Atmen schwer und Schweiß perlt mir von der Stirn. Am Friedhof angekommen, gehe ich vorsichtig an den Gräbern vorbei. Wohin ich sehe, nur Kreuze und Blumen. An Mamas Grab halte ich an. Vor ein paar Tagen hatte ich den Gärtner gebeten, neue Blumen zu pflanzen: Nun blühen Kornblumen, Mohnblumen und Margeriten vor dem Grabstein. Ich zücke einen Stift und fische ein Blatt Papier aus meiner Jackentasche und beginne zu schreiben:

Liebe Mama!
Ich habe dir ja versprochen, mehr zu berichten. Heute bin ich auf meine neue Schule gekommen. Erst habe ich gedacht, dass es sehr schön wird, dass ich schnell Freunde finde und so, doch ich lag wie immer falsch. Als die Lehrerin meinen Namen genannt

hat, da haben alle gelacht (die Lehrerin auch). Ich habe deine alten Sachen getragen und ein Junge hat gesagt, dass ich aussähe wie eine Vogelscheuche. Im Matheunterricht habe ich Zettel bekommen, auf denen stand: »Plumpsack«, »Blödscheuche« und andere Sachen. Ich habe geweint und als dann in der Pause auch noch ein Junge übers Mikrofon gesagt hat, dass ich eine Vogelscheuche wäre, bin ich weggerannt. Bitte hilf mir! Gib mir irgendein Zeichen, dass du bei mir bist.

In Liebe,
deine verzweifelte Helene

Ich falte den Zettel, mache ein Loch hinein und binde ihn an den Ballon. Nun lasse ich ihn los. Langsam, fast zögernd steigt er auf und ist schließlich nicht mehr zu sehen.

Zuhause schalte ich meinen Computer an und gebe schnell mein Kennwort ein. ›Willkommen!‹ erscheint auf dem Bildschirm und die Melodie von Windows begrüßt mich. Als ich im Internet www.muenster.de eingegeben habe, öffnet sich das E-Mail-Fenster. Meine Augen huschen über den Bildschirm: ›Sie haben drei ungelesene Nachrichten‹, steht ganz unten. Mit einem Klicken öffne ich sie. Drei E-Mails reihen sich untereinander auf:

1. »Sackgesicht!«
2. »Vogelscheuche!«
3. »Mein Gott, bist du hässlich!«

Das Telefon klingelt, ich hebe ab:
»Hallo, Helene Verge hier! Mit wem spreche ich? Hallo?«
»Man sollte dich Vogelscheuche oder Hexe nennen.«

Dann tutet es nur noch und mein Magen zieht sich vor Traurigkeit zusammen.

Gegen Nachmittag fahre ich mit dem Fahrrad in die Stadt. In Gedanken bin ich bei der neuen Klasse und verfahre mich.

Regen klatscht gegen meine Jacke und Wasser spritzt in meine Schuhe, als ich durch eine Pfütze fahre. Ich biege in eine Seitenstraße ein, dann in noch eine und in noch eine mit hässlichen beigen Häusern. Ich fahre weiter und nachdem ich eine große Straße mit vielen Ampeln überquere, befinde ich mich in einer gewissen Alsenstraße. Ich habe keine Ahnung, wie ich zurückkommen soll. Nachdem ich längere Zeit unter einer Eiche gestanden habe und sich ein dicker Kloß in meinem Hals gebildet hat, der mir das Atmen schwer macht, probiere ich Papas Handynummer aus:

»Lukas Verge hier!«

»Papa!«, schluchze ich, »ich habe ein Problem, ich bin in der Alsenstraße und weiß nicht, wie ich zurückkommen soll …«

Nach einem längeren Gespräch, wobei ich immer mehr Angst bekomme und die Tränen nur so fließen, beschließt Papa, mich abzuholen. Ich gehe weiter durch Pfützen und durch den Regen, irre durch Straßen mit großen hässlichen Häusern und durch Gassen mit Villen. Zwei Stunden später, als ich durchnässt in einer Bushaltestelle sin der Melchersstraße stehe, kommt Papa in seinem kleinen Auto an und schubst mich hinein. Er sagt besorgt: »Was fällt dir eigentlich ein? Du rufst mich von der Alsenstraße aus an und irrst herum bis zur Melchersstraße. Es war Zufall, dass ich dich gefunden habe.« »Ich habe dir doch gesagt, dass ich die Stadt nicht kenne«, antworte ich betrübt. Er verstaut das Fahrrad im Kofferraum und fährt nach Hause.

Am Abend gehe ich ins Bett, aber nicht wie jedes andere Kind, nein, ich gehe mit Angst vor dem nächsten Tag schlafen. In der Nacht werde ich von Bauchschmerzen und Kopfschmerzen geplagt und ich schaue die ganze Zeit aus dem kleinen Fenster, darauf wartend, ob nicht ein Zeichen meiner Mutter mich erreicht. Aber es kommt keines. Und so falle ich in den Schlaf.

Ich befinde mich auf einem Weg. Dornenranken mit blühenden Rosen säumen den Pfad. Bäume spenden Schatten und Wurzeln, über die ich jederzeit fallen kann, ragen aus dem Boden. Nebel und Dunkelheit hüllen das Ende des Pfades ein. Ich nähere mich. Ich gehe an meinen Freunden vorbei, an Mama, an Lilli aus der alten Klasse, an Oma Gertrud, alles muss ich zurücklassen. Ich drehe mich um und sehe meine Spuren im Sand, doch ich kann nicht stehen bleiben, ich kann Lilli nicht mitnehmen, ich kann die Spuren nicht wegwischen oder mich ausruhen, denn überall höre ich das Ticken der Uhren, die die Zeit ablaufen lassen. Plötzlich trete ich in den Nebel. Er hüllt mich ein, ich höre Geflüster und eine Hand fasst nach mir, ich höre einen Schrei …

Schweißnass wache ich auf. Der Wecker zeigt 3.00 Uhr nachts an, ich atme noch einmal tief durch und tupfe mir die Stirn ab, von der der Schweiß in kleinen Rinnsalen über mein Gesicht läuft. Mein Herz schlägt laut, ich fühle es in meiner Brust. Die Dunkelheit kommt mir bedrohlich vor, also knipse ich meine kleine Lampe an und trinke einen Schluck Wasser aus meiner Flasche, die jede Nacht neben meinem Bett steht. Die Kälte des Getränks beruhigt mich. Ich lege meinen Kopf wieder auf das Kissen und schließe die Augen, schließlich schlafe ich ein …

Am nächsten Tag kämpfe ich gegen die Angst, die mit jedem Meter, den ich mich dem Schulgebäude nähere, größer wird.

In der Schule schreien sie, wenn ich die Klasse betrete. In der Pause verspotten sie mich und beim Essen in der Cafeteria bekomme ich Zettel, alle mit den Wörtern, die meine Seele grau werden lassen. Ich kann nicht mehr weinen und meine Stimme ist kratzig vom Schluchzen. Die Hausaufgaben schaffe ich nicht. Ich bin durcheinander und zerreiße vor Enttäuschung und Verzweiflung mein Heft.

Gegen Nachmittag kommt mein Vater von der Arbeit zurück: »Was ist, möchtest du schon wieder los?«, fragt er, als ich mir den Helm aufsetze. »Ja. Mama wartet auf mich!«

Ich fahre mit einem Ballon zum Friedhof. Ich erzähle ihr in einer Botschaft alle Geschehnisse und bete um ein Zeichen. Auf den Ballon habe ich ein Foto geklebt, auf dem Papa und ich zu sehen sind.

Auf dem Weg zurück zu Papa denke ich immer wieder über meinen Brief nach, den ich ihr am Grab geschrieben habe.

Liebe Mama!

Ich habe keine Hoffnung mehr. Die Welt ist mir fremd geworden und ich möchte am liebsten zu dir in den Himmel. Alles ist fremd. Unsere neue Wohnung ist fremd, meine neue Schule ist fremd, die Stadt ist fremd und ich fühle mich fremd in der Klasse und wie ein falscher Mensch.

Helene

Beim Abendessen macht sich Papa Sorgen. Er sagt, ich wäre anders als sonst, so traurig. Ich möchte ihm nicht noch mehr Sorgen bereiten, deshalb sage ich es ihm natürlich nicht. Als Papa mich zu Bett bringt, da rede ich noch sehr lange mit ihm über die schönen Sachen, die wir zusammen gemacht haben: Als wir an den Kanal gefahren sind, als wir auf Mallorca waren, als Mary von den Philippinen kam und als wir zusammen den Zirkus besucht haben. Wir reden über vieles, ich nehme ihn in den Arm und gebe ihm einen dicken Kuss. »Ich habe dich lieb!« »Ich dich auch mein Schatz!«, erwidert er.
Ich schlafe ein …

In der Nacht werde ich von hellem Licht auf meinem Gesicht geweckt. Suchend schaue ich mich um. Der Mond ist hinter den Wolken hervorgekommen und scheint auf mein Bett. Die Strahlen lassen den herumwirbelnden Staub leuchten. Das Zimmer ist nun so hell wie am Tag und Harmonie und Geborgenheit strömen durch das offene Fenster. Es ist, als würde meine Mutter zu mir sprechen: »Fürchte dich nicht! Dein Leben geht weiter, es wird ein glückliches Ende nehmen! Du schaffst das!«

Diese Worte erfüllen mein Herz, stärken es und alle Traurigkeit fällt von mir ab, als würde ich einen Umhang abnehmen. Ich fühle mich sicherer, plötzlich nehme ich das Bild meiner Mutter in dem Glanz des Mondes wahr. Sie schaut mir in die Augen, es ist ein mitfühlender und kraftspendender Blick, der mich alles andere vergessen lässt. »Hast du meine Briefe bekommen, Mama?« Diese Worte sind zwar geflüstert, doch Mama nickt leicht und lächelt. Als sie ihr wallendes Haar zwirbelt, da sieht es so aus, als würde sie das Silber des Mondes in diese verspinnen. Ich bin von ihrem Anblick verzaubert. »Geh nicht, bleib!«, rufe ich, doch da ist der Mond schon hinter den grauen Wolken verschwunden und alles wird wieder dunkel. Diese Begegnung hat mir Mut gemacht und ich schlafe glücklich ein, mit Freude und Zuversicht für den nächsten Tag.

Am nächsten Morgen weckt Papa mich. Ich nehme ihn ganz fest in den Arm und flüstere in sein Ohr: »Mama war da, ihr geht es gut.« »Schon gut, Kleines!«, sagt er und ich gebe ihm einen Kuss. Zärtlich schubst er mich in den Flur und dann ins Badezimmer und macht die Tür zu. Als ich mir das kalte Wasser ins Gesicht klatsche, da weiß ich, was zu tun ist. Ich muss es Papa erzählen, denke ich und renne in die Küche. »Papa, ich muss dir etwas sagen!«, fange ich an und erzähle die ganze Geschichte. Als ich geendet habe, da sieht er mich an und lächelt: »Ich finde es so schön, dich zu haben und es ist eine Erleichterung für mich, dass du so mutig bist und mir erzählst, was wirklich in der Schule passiert ist.« Er gibt mir einen Kuss und ich fühle mich glücklich, sehr glücklich.

Liebe Mama!

Ich habe Papa alles erzählt und er ist zur Schule gegangen und hat alles erklärt, dass du tot bist und ich deshalb deine Sachen trage ... Dann haben wir das am Montag in einem Stuhlkreis in der Klasse besprochen. Die Schüler waren sehr nett zu mir und haben sich entschuldigt und Frau Minderrein auch, sie war unglaublich freundlich! In der Pause wollten alle Schüler aus der Klasse etwas mit mir machen und es war ganz schön! Wir haben Fangen gespielt und mit den Mädchen habe ich über Liebesthemen und Jungs (...) geredet! Jetzt habe ich sogar neue Freundinnen. Linn, Amin, Vanessa und Klara heißen sie und sind sehr nett!

In Liebe,
deine Helene

EINE GÖTTIN UNTER MENSCHEN
Lara Große

Ich war eine Göttin.

Eine Göttin, so mächtig und launisch wie die Natur, so wunderschön wie die Nacht.

Eine Göttin mit Augen, funkelnd wie die Sterne und ebenso geheimnisvoll, unberührbar.

Ich konnte lautlos sein wie ein Schatten, tödlich wie der Winter und schnell wie ein Blitz.

Wenn ich mir ein Opfer erwählt hatte, war es zum Tode verurteilt. Sobald es mich sah, war es zu spät. Viel zu schnell hielt ich es in meinen Klauen.

Ich war eine Kämpferin, eine gute Jägerin.

Nur die dummen Zweibeiner schienen das immer noch nicht zu verstehen!

Schon seit geraumer Zeit wartete ich vor dem Eingang der Höhle darauf, dass sie mir öffneten. Doch alles Miauen und Kratzen half nicht.

Verärgert zuckte ich mit den Ohren. Ich konnte sie doch hören. All die Laute dieser primitiven Zweibeinersprache, die sie im Haus wechselten, und dazu noch die von nebenan.

Ich konnte sie auch riechen. Dieser beißende Geruch nach etwas Unnatürlichem, vermischt mit den Gerüchen, in die die Zweibeiner sich immer hüllten. Vor allem mein weiblicher Zweibeiner. So stark, wie der Geruch nach Rose und Sanddorn sie immer umwaberte, kam er in der Natur gar nicht vor. Dass sie offensichtlich so naiv sein konnte, zu denken, das würde dem männlichen Zweibeiner gefallen, ließ in mir Verachtung aufkommen. Mal ehrlich, wer will denn riechen wie ein ganzer

Wald aus Rosen? Bedauerlicherweise schienen alle weiblichen Zweibeiner diese Macke zu haben. Einzig mein kleiner Zweibeiner roch halbwegs annehmbar. Ihm haftete noch etwas Natürliches, Unverdorbenes an, das den anderen fehlte.

Nur leider half mir das im Moment auch nicht weiter.

Die begriffsstutzigen Zweibeiner weigerten sich hartnäckig, mir die Tür aufzumachen. Mit ihren verkümmerten Sinnen hätten sie einem schon fast leidtun können, würden sie im Gegenzug nicht alles mit ihren riesigen, *falschen* Höhlen zubauen und die Luft mit ihrem Gestank verpesten.

Mit missmutig zuckender Schwanzspitze machte ich mich auf den Weg.

Dass die Zweibeiner ihre Höhlen so dicht gedrängt aneinanderbauten, obwohl sie den Standort doch selbst wählen konnten, war mir ein Rätsel. Vielleicht hatten sie Angst, alleine zu sein. Woher sollte ich das schon wissen?

Zumindest führte es dazu, dass ich einen weiten Umweg nehmen musste, nur um an die Hintertür der Höhle meiner Zweibeiner zu gelangen.

Und das war äußerst ärgerlich. Die Zweibeiner hatten die seltsame – und sehr lästige – Angewohnheit, den Boden zwischen ihren Höhlen mit einer starren, unbeweglichen, unnatürlichen Masse zuzukleistern.

Meine Krallen hatte ich schon eingezogen, damit sie nicht über diesen harten Boden schrammten, aber für meine Pfoten konnte ich nichts tun.

Missmutig trabte ich die Straßen entlang, mich immer im Schatten einer Wand oder eines der wenigen Büsche haltend.

Bedrohlich hoch ragten die Höhlen der Zweibeiner über mir auf. Sie verdeckten den grauen Himmel und die Luft war voll von ihrem Gestank. Unzählige Fenster stierten Augen gleich auf mich hinab.

Geh, schienen sie zu sagen, *du gehörst nicht hierher.*

Ich fühlte mich allein, gefangen und ausgestoßen zugleich.

Ich wusste instinktiv, dass dies nicht mein Zuhause, meine Heimat war. Ich konnte mich kaum noch erinnern, aber geboren war ich woanders.

In einer Zweibeinerhöhle zwar, aber einer einsamen, in der Natur stehenden. Dort hatte es viele andere Tiere gegeben und sobald ich laufen konnte, hatte ich mit meinen Geschwistern die Umgebung erforscht.

Erst nur den Hof, dann auch den Wald und die Wiesen drumherum. Wir hatten von unserer Mutter gelernt, Mäuse und Vögel zu fangen, waren auf Bäume geklettert und hatten im Unterholz gespielt.

Dann waren meine Zweibeiner gekommen und hatten mich mitgenommen. Sie waren sehr freundlich zu mir gewesen und ich spürte, dass sie mich liebten. So hatte ich den Schmerz über die Trennung von meiner Mutter und meinen Geschwistern bald vergessen. Nur eines hatte mich gestört, nämlich dass sie mich nicht hinausließen. Als ich dann immer wieder miauend vor der Tür gesessen und sie gebeten hatte, mir die Tür zu öffnen, hatten sie sich neben mich gesetzt und beruhigend in der Zweibeinersprache auf mich eingeredet. Ich hatte nicht verstanden, warum sie mich nicht gehen lassen wollten, wo sie doch offensichtlich das Beste für mich wollten.

Irgendwann war ich durch ein offenes Fenster entwischt.

Der erste Ausflug war schrecklich gewesen. Geschockt und verängstigt von den vielen Dingen, die ich nicht kannte, hatte ich nur mit Mühe zu meinen Zweibeinern zurückgefunden. Der feste Boden, die freien Flächen, die großen Höhlen und vor allem die schnellen Ungeheuer, in deren Bäuchen die Zweibeiner sich so gerne fortbewegten, waren anders als alles, was ich bisher gesehen hatte. Wo kommt das alles her?, hatte ich mich gefragt, denn meine Mutter hatte mir etwas Ähnliches niemals gezeigt. Mit der Zeit hatte ich verstanden, dass die Zweibeiner diese Dinge selbst bauten und damit ihre eigene Welt schufen, fernab von der Realität.

Ich hatte gesehen, wie sie mit ihren gewaltigen Maschinen die Natur zerstörten und dort innerhalb kürzester Zeit ihre Höhlen errichteten.

Lautes Bellen riss mich aus meinen Gedanken. Erschrocken sprang ich zurück, doch lange bevor der Hund mich erreichen konnte, hielt seine Leine ihn fest. Ich machte einen Buckel und fauchte den außergewöhnlich großen Hund an. Normalerweise traf ich nur kleinere. Sein Zweibeiner schimpfte und zog hart an der Leine. Der Hund knurrte noch einmal und kehrte schließlich brav an die Seite des Zweibeiners zurück. Resigniert schaute ich ihm hinterher. Er ließ sich alles gefallen, ließ sich an die Leine nehmen, ließ sich seine Freiheit rauben. Er hatte sich so an die Zweibeiner gewöhnt, dass er seine eigene Sprache schon vergessen hatte. Er hatte vergessen, was es hieß, ein Hund zu sein. Frei zu sein.

Früher, in der Natur, hatte ich mich immer gut mit anderen Tieren verstanden, aber alle Tiere, die ich hier in dieser Welt traf, wussten schon nicht mehr, dass sie nicht hierher gehörten. Sollte ich Mitleid mit ihnen haben oder lieber mit mir? Der Hund, der mich angegriffen hatte, war nicht er selbst, er war ein Gefangener der Zweibeiner, aber immerhin kannte er seinen Platz in der Welt, konnte so etwas wie Glück verspüren.

Es schien, als wäre ich die Einzige. Die Einzige, die hier fremd war. Jedes Mal, wenn ich die Höhle meiner Zweibeiner verließ, wurde mir das erneut klar. Doch wenn ich drinnen saß, wollte ich hinaus. Es zerriss mich, nicht zu wissen, wohin ich gehörte.

Ich kehrte jeden Tag zurück, weil ich spürte, dass meine Zweibeiner mich liebten, weil ich sie ebenfalls liebte – ja, ich hielt nicht viel von ihnen, wegen ihrer kümmerlichen Sinne und ihrem Unvermögen, in der echten Welt zu leben, aber auf eine seltsame Art liebte ich sie dennoch.

Außerdem könnte ich alleine draußen gar nicht überleben. Ich wusste, wie das in der Natur ging. Meine Mutter hatte es mir beigebracht. Aber hier? Hier würde ich ohne meine Zweibeiner sterben und diese vernichtende Erkenntnis ließ mir die Haare zu Berge stehen.

Mehrmals hatte ich versucht, in die Natur zurückzufinden, jedoch ohne Erfolg. Egal wie weit ich ging, nirgends fand ich etwas anderes als die Bauten der Zweibeiner. Ich hatte es längst aufgegeben.

Meine Zweibeiner öffneten mir jetzt auch immer freiwillig die Tür, sie wussten wohl, dass sie sich darauf verlassen konnten, dass ich zurückkam und mir nichts geschah. Ich vermutete, dass es das war, was sie davon abgehalten hatte, mich hinauszulassen: Sie hatten Angst um mich gehabt.

Am Anfang war es tatsächlich schwer gewesen, sich in der Welt der Zweibeiner zurechtzufinden.

Aber ich war eine Göttin. Und eine Göttin ließ sich nicht so leicht unterkriegen. Ich hatte dazugelernt und mich angepasst. Und darauf war ich stolz, aber ich war nicht glücklich. Ich gehörte nicht hierher, das wusste ich mit Gewissheit.

Endlich, endlich berührten meine Pfoten das weiche Gras, das hinter der Höhle meiner Zweibeiner wuchs. Selbst die Pflanzen hier waren unnatürlich. Trotzdem wünschte ich mir, es gäbe mehr solcher Wiesen. Die wenigen anderen, die ich entdeckt hatte, waren entweder hoch umzäunt oder ich wurde von den Zweibeinern vertrieben, wenn sie mich sahen.

Das ärgerte mich besonders. Erst machten sie die Natur kaputt und die wenigen Restflächen beanspruchten sie auch noch für sich!

Sogar mein weiblicher Zweibeiner mochte es gar nicht gerne, wenn ich zwischen ihren Blumen umherstreifte. Wenn sie mich dann ausschimpfte, war ich oft kurz davor, mit ausgefahrenen Krallen auf sie loszugehen. Trotzdem begnügte ich mich damit, sie mit böse funkelnden, starren Augen vorwurfsvoll anzusehen. Manchmal bemerkte sie meinen Blick und ihre Stimme wurde ein wenig entschuldigend. Meistens nahm sie es jedoch gar nicht wahr.

Ich fragte mich echt, wie Zweibeiner es schafften zu kommunizieren. Sie hatten ihren Körper überhaupt nicht unter Kontrolle. Oft widersprach der Ton ihrer Stimme ihrer Körpersprache. Ich glaubte, das war immer dann so, wenn sie nicht die Wahrheit sagten.

Genau wusste ich das nicht, denn ich verstand die Laute, die sie so oft und unüberhörbar wechselten, nicht. Aber sie mussten wichtig sein, sonst könnten sich die Zweibeiner gar nicht verständigen.

Trotzdem ärgerte es mich. Gerade mein kleiner Zweibeiner war oft unausstehlich laut, so laut, dass ich, wenn möglich, in ein anderes Zimmer ging oder mich unter den Möbeln versteckte. Kein Wunder, dass die Zweibeiner so gut wie taub waren. Selbst die schwächlichste Maus und der langsamste Vogel hörten besser als sie. Andererseits brauchten sie ihr Gehör auch nicht. Sie hatten sich ihre eigene Welt erschaffen, eine Welt ohne Feinde, in der ihnen nichts und niemand gefährlich werden konnte. Sie brauchten nicht zu hören, nicht zu sehen. Sie brauchten ihren Geruch nicht der Natur anzupassen. Stattdessen machten sie es anders herum: Sie passten die Natur an sich selbst an.

Verstimmt von dieser Erkenntnis, die mir leider schon öfter gekommen war, setzte ich mich vor die gläserne Tür – anfangs hatte mich dieses seltsame Material irritiert. All meine Sinne, bis auf meine Augen, sagten mir, dass dort etwas war, aber meine Augen konnten es nicht erkennen. Mittlerweile hatte ich mich damit abgefunden – und miaute, sodass sogar die Zweibeiner es mitbekommen mussten.

Ich konnte die Schritte meines kleinen Zweibeiners hören, sie unter meinen Pfoten spüren und seinen Duft durch die Tür hindurch wahrnehmen.

Unkoordiniert herumhüpfend versuchte er die Tür zu öffnen, bekam es jedoch nicht hin. Typisch Zweibeiner – noch nicht einmal ihre eigenen Erfindungen konnten sie beherrschen.

Verächtlich und mit ungeduldig zuckender Schwanzspitze wartete ich darauf, dass einer der großen Zweibeiner dem kleinen half.

Als die Tür endlich geöffnet wurde, streckte ich anmutig den Schwanz und stolzierte an meinen Zweibeinern vorbei. Während der große die Tür wieder schloss, rannte der kleine hinter mir her, er wollte mit mir spielen oder mich streicheln oder was weiß ich. Aber um ihm zu zeigen, dass ich verärgert war, sprang ich in meinen Korb und drehte ihm den Rücken zu. Hatte er denn keine anderen Zweibeinerjungen, mit denen er etwas unternehmen konnte?

Ich begann mich zu putzen und ignorierte den Kleinen, der immer noch neben meinem Korb saß und mit mir redete. Er fasste mich auch nicht an, ich glaube, die großen Zweibeiner hatten ihm das verboten, solange ich in meinem Korb war.

Jedes Mal, wenn ich mit meiner Zunge über mein Fell fuhr, nahm ich die seltsamen Gerüche und Geschmäcker der Stadt auf. Gerüche, die so gar nicht zu mir passten, Geschmäcker, die zu den Zweibeinern gehörten, nicht zu mir. Mein Fell sollte nicht nach Schmutz und Abfall stinken. Ich sollte nicht in einer namenlosen Welt leben.

Fremdsein – das war nichts Neues für mich. Seit meine Zweibeiner mich mitgenommen hatten, fühlte ich mich fremd.

Alles, was ich sah, war fremd. Gehörte nicht zur Natur, nicht zu mir. Mit der Zeit war es besser geworden. Ich kannte nun alles hier, konnte es einschätzen. Aber das Gefühl war geblieben. Das Gefühl, dass es falsch war, alles zu kennen. Das Gefühl, dass ich nicht hier sein sollte.

Natürlich, ich war eine Göttin. Doch diese Welt hier war nicht die meine. Und was war schon eine Göttin fern von ihrer Welt?

Fauchend schoss ich davon, als das Sofa angehoben wurde. Die unbekannten Zweibeiner fluchten in ihrer verdammten Sprache und setzten dann ihren Weg zur Tür fort.

Ich fegte die Treppe hinauf und schlüpfte in das Zimmer des kleinen Zweibeiners. Dort sprang ich auf die Kommode. Irgendetwas fiel hinunter, aber das störte mich nicht, ich machte einen weiteren Satz auf den Schrank hinauf und hoffte, dass ich dort sicher war. Ich hörte, wie meine Zweibeiner meinen Namen, den sie mir in ihrer Sprache gegeben hatten, riefen.

Doch ich ignorierte sie, rollte mich zusammen und schloss die Augen. Was bildeten die sich ein? Dachten sie etwa, sie könnten mir Befehle geben? Mir sagen, was ich tun sollte? Da hatten sie sich geirrt. Und wie! Ich hatte schlechte Laune und würde garantiert nicht zu ihnen kommen!

Schon vor einiger Zeit hatten die Zweibeiner angefangen, all ihr unnützes Zeug in große braune Pappkartons zu packen. Anfangs hatte ich es sehr lustig gefunden, meine Krallen daran zu schärfen oder darauf herumzubeißen – meine Zweibeiner aber wohl nicht so.

Dann waren es immer mehr Kartons geworden, die Höhle war langsam kahl und leer geworden, sogar einige Möbel waren verschwunden. Ich hatte das nur toleriert, weil eine solche Höhle viel natürlicher war, aber am liebsten wäre es mir gewesen, wenn alles so geblieben wäre, wie es gewesen war. Ich mochte Veränderungen nicht. Verstimmt hatte ich es ertragen, doch jetzt war ich mit meiner Geduld am Ende! Wie konnten sie es wagen?

Bereits kurz nach Sonnenaufgang hatte eines von diesen Ungeheuern vor der Höhle haltgemacht, noch viel größer als die übrigen. Genauso lärmend war es auch und es stank bis zur Hölle. Mehrere männliche Zweibeiner waren ausgestiegen und in die Höhle gekommen.

Das war ja nicht so schlimm gewesen, es kamen häufig andere Zweibeiner zu Besuch, das war zwar nicht gerade angenehm, aber meistens ganz amüsant. Manchmal waren zum Beispiel ihre Gesten und Stimmen freundlich, obwohl ich riechen konnte, dass sie sich nicht mochten. Oder sie gaben mir Futter, vor allem die weiblichen und die kleinen Zweibeiner. Oft brauchte ich nur in ihre Nähe zu gehen, wenn sie aßen und ihnen laut befehlen, mir etwas von ihrem Essen zu geben und schon bekam ich es – Zweibeiner waren einfach viel zu leicht zu beeinflussen.

Doch diese Zweibeiner waren anders. Sie trampelten lautstark herum – ja, okay, das tun alle Zweibeiner – und begannen, die Kartons und die übrigen Möbel in den Bauch ihres Ungeheuers zu laden! Die Sachen aus *meiner* Höhle! Na gut, eigentlich gehörte sie meinen Zweibeinern, aber wen kümmerte das denn? Ich war eine Göttin, eine der wenigen – vielleicht sogar die einzige unter den Zweibeinern. Sie räumten *meine* Sachen weg!

Anfangs war ich zwischen ihren Füßen herumgerannt und hatte versucht, sie aufzuhalten, böse gefaucht und hin und wieder auch mal meine Krallen ausgefahren. Die Zweibeiner hatten mich nicht beachtet oder mit mir geschimpft und dann versucht mich einzufangen, da hatte ich mich völlig verärgert unter das Sofa verkrochen.

Sie hatten mich in Ruhe gelassen, während ich geschmollt und mir geschworen hatte, wegzugehen und nie wiederzukommen, wenn das hier erst vorbei war. Die Zweibeiner wussten nichts über mich! Sie verdienten meine Zuneigung nicht. Ich würde fortgehen und wenn ich nicht in meine Welt zurückfand, dann würde ich mir halt andere Zweibeiner suchen.

Gerade als ich mir diesen schönen Plan zurechtgelegt hatte, hatten die Zweibeiner das Sofa angehoben.

Jetzt saß ich oben auf dem Schrank und fuhr missmutig meine Krallen ein und aus. Dabei zerkratzte ich das Holz, das kein echtes Holz war, aber das war mir egal. Die Zweibeiner würden schon sehen, was sie davon hatten, eine Göttin zu verärgern. Ich würde es ihnen noch zeigen!

In dem Moment öffnete sich die Tür. Lautlos zog ich mich weiter zurück, meine Augen fest auf meinen weiblichen Zweibeiner gerichtet, der das Zimmer betrat. Vorsichtig kauerte ich mich hin. Er würde mich nicht finden, dazu war er viel zu dämlich. Er rief meinen albernen Namen und ging einige Schritte.

Der Duft von Fisch wehte herauf. Sie wollten mich bestechen! Sie dachten, ich würde einfach zu ihnen kommen. Wegen Fisch! Was dachten die Zweibeiner eigentlich in ihren kleinen, verrückten Gehirnen?

Der Geruch wurde immer stärker und unwillkürlich rückte ich ein Stück vor. Der doofe Duft der Rosen überdeckte den des Futters, als mein Zweibeiner mich entdeckte und näher kam.

Er rief lockend und wedelte mit dem Fisch in seiner Hand, wodurch der Geruch verführerisch stark wurde. Er stieg in meine Nase und betörte mich. Ich schlich geduckt bis an den Rand des Schranks – ich wusste, mein Zweibeiner konnte mich dort nicht erreichen – und war hin- und hergerissen zwischen meiner Verärgerung und dem Wunsch, den Fisch zu fressen.

Je länger ich wartete, desto stärker wurde der Geruch. Aber eigentlich war der Fisch ja keine Bestechung, sondern nur eine Entschuldigung. Also konnte ich ihn mir nehmen. Ich sprang anmutig vom Schrank hinunter.

Die Stimme meines Zweibeiners wurde sofort lobend und schmeichelnd, er strich mir sanft übers Fell und legte den Fisch vor mir auf den Boden. Ich schüttelte die Hand ab, bevor ich mich auf den Boden legte und genüsslich den Fisch fraß.

Vielleicht würde ich doch nicht fortgehen. Ich würde hier bleiben, aber nur, um ihnen das Leben zur Hölle zu machen. Ich würde ihnen noch zeigen, was es hieß, sich mit mir anzulegen und sie würden es bereuen.

Als ich mit dem Fisch fertig war, stolzierte ich in Richtung Tür, um mich woanders auszuruhen.

Da packte mich mein weiblicher Zweibeiner von hinten – was ihm natürlich nur gelang, weil ich nicht darauf vorbereitet gewesen war – und trug mich auf den Flur. Dort stand diese bescheuerte Kiste, in die meine Zweibeiner mich immer steckten, wenn sie mich zu einem wirklich abscheulichen Zweibeiner brachten, der mir weh tat und ekliges Zeug in den Mund schob, aber seltsamerweise ging es mir danach immer besser, deswegen hatte ich gelernt, die Besuche zu ertragen. Trotzdem hasste ich die Kiste! Ich fing an, mich fauchend und mit den Krallen schlagend zu wehren, doch schon schaffte mein Zweibeiner es, mich hineinzuschieben und die Tür zu schließen, bevor ich wieder hinausschlüpfen konnte. Er hatte verdammtes Glück – natürlich – sonst wäre es mir ein Leichtes gewesen, ihm zu entkommen.

Dennoch drehte ich mich empört im Kreis und beschwerte mich lautstark. Aber das brachte nichts und ich hatte das leise

Gefühl, dass mein Zweibeiner einfach weggegangen war und mich hatte stehen lassen. Ich nahm mir einen Moment Zeit, die Luft zu prüfen und tatsächlich, der Gestank nach Rosen war verschwunden.

Was taten die Zweibeiner? Es ging mir gar nicht schlecht, normalerweise brachten sie mich nur zu dem schrecklichen Zweibeiner, wenn es mir schlecht ging. Warum also sperrten sie mich jetzt in diese abscheuliche Kiste? Hier drin war es dunkel, nur ein klein wenig Licht drang durch Löcher in der Seite, sie waren aber zu klein, um hindurchzusehen. Selbst Düfte von außerhalb einzufangen, war schwierig und alle Geräusche waren nur gedämpft zu hören.

Ärger flammte erneut in mir auf und ich beschwerte mich weiter, in der Hoffnung, die Zweibeiner zu stören und sie auf mich aufmerksam zu machen.

Schritte näherten sich und der Gestank der Rosen verpestete meine Luft, sodass mir das Atmen schwerfiel. Doch statt mich hinauszulassen, hob mein Zweibeiner nur die Kiste hoch und trug sie irgendwohin. Sie schaukelte so grässlich hin und her, dass es mir egal war, wohin sie mich brachte, ich hoffte nur, dass es nicht weit sein würde.

Endlich wurde ich abgesetzt und ich atmete erleichtert durch, nur um sogleich angespannt zu erstarren. Ich roch die widerliche Mischung aus Metall, Lack und Benzin, die den Ungeheuern der Zweibeiner anhaftete. Angstvoll kauerte ich mich zusammen und wurde still. Ich war im Bauch des Ungeheuers und konnte nur darauf vertrauen, dass meine Zweibeiner mich dort wieder hinausholen würden, bevor es mich verschlang.

Der Boden unter mir begann zu vibrieren und ich ergab mich in mein Schicksal.

Selbst als das Vibrieren endete und als ich die Bewegungen meiner Zweibeiner um mich herum hörte und roch, wagte ich nicht, mich zu rühren, aus Angst, sie würden mich hier drin lassen.

Doch zum Glück spürte ich schon bald das Schaukeln der Kiste und zum ersten Mal war ich froh über den Rosengestank meines weiblichen Zweibeiners.

Als die Tür geöffnet wurde, schoss ich nach draußen. In dem Bestreben, so weit wie möglich von der Kiste weg zu kommen, raste ich an meinen Zweibeinern vorbei und hielt auch nicht an, als ich merkte, dass ich in einer anderen Höhle war. Neue Gerüche und Eindrücke stürmten auf mich ein, gemischt mit den bekannten, denn ich erkannte die Möbel und Dinge aus der alten Höhle meiner Zweibeiner wieder. Es sah so aus, als hätten sie die Sachen aus dieser alten Höhle in eine neue gebracht. Ich fragte mich, warum sie das getan hatten und beschloss dann, dass es mir egal war. Wen interessierte es schon, was die verrückten Zweibeiner taten? Es kam oft vor, dass ihre Handlungen völlig sinnlos waren.

Ich kroch unter das Sofa, das eben noch woanders gestanden hatte und rollte mich zusammen.

Es war Abend geworden und mein kleines Schläfchen hatte mich beruhigt. Ich hatte bereits einige Zimmer der neuen Höhle erkundet und festgestellt, dass die Möbel wirr im Raum standen und dazwischen noch immer welche von den braunen Kisten verstreut waren. Trotzdem sah es so aus, als hätten meine Zweibeiner vor, hierzubleiben. Zuerst war ich verärgert gewesen, doch mein Ärger war Neugier gewichen und erwartungsvoll betrat ich das nächste Zimmer. Irgendetwas war hier in der Höhle anders. Sie war reiner, natürlicher, aber ich konnte das Gefühl nicht fassen. Ich wollte herausfinden, warum sie sich von der anderen unterschied.

Dieses Zimmer war groß – und es hatte ein offenes Fenster. Ich hatte mir bisher nicht die Mühe gemacht, auf die Fensterbänke zu springen, um nach draußen zu sehen, aber nun wurde es Zeit zu sehen, wie es dort aussah.

Mit einem eleganten Satz sprang ich hinauf und blieb überrascht stehen.

Dort draußen waren keine anderen Zweibeinerhöhlen, wie ich erwartet hatte, sondern ... Natur.

Natur! Wie konnte das sein? Was war passiert? Warum ... ich schob meine Fragen beiseite. Das war jetzt unwichtig. Ich war wieder in meiner Welt.

Hastig sprang ich hinunter ins Gras und das wirkliche, echte Gras schmiegte sich wunderschön um meine Pfoten. Freudig schnurrend fuhr ich meine Krallen aus und grub sie in die frische, regennasse Erde. Der Wind strich über mein Fell und trug mir die wunderschönsten Gerüche heran, die ich je gerochen hatte. Frisches Laub und sprießende Bäumchen. Sonne auf Stein und fließendes Wasser. Nasse Baumrinde und knorrige Wurzeln. Ich war zu Hause.

Das alles war viel zu schön, um wahr zu sein, doch ich hatte nicht vor, mein Glück zu hinterfragen.

Vor Freude taumelnd rannte ich los, immer weiter hinein in die Natur und hatte Angst, dies alles wäre nicht echt.

Fast mein ganzes Leben war ich fremd gewesen. Gefangen in einer anderen Welt. Abhängig von meinen Zweibeinern. Abrupt hielt ich an und sah zurück. Die neue Höhle meiner Zweibeiner lag ruhig im Schein der untergehenden Sonne. Ein leichter Duft nach der Welt der Zweibeiner wehte von dort zu mir hinüber und ich zuckte unwillkürlich zurück. Er erinnerte mich allzu sehr an meine Zeit in der Ferne.

Und auf einmal wusste ich, dass ich nicht zu meinen Zweibeinern zurückkehren konnte. Vielleicht hatten sie stets nur das

Beste für mich gewollt, dennoch hatten sie mich aus meiner Heimat entführt und vor der echten Welt versteckt. Sie hatten mich gezwungen, fremd zu sein, in ihrer Welt zu leben.

Dabei waren die Zweibeiner schwach. Blind und taub liefen sie durch ihre Welt. Und sie überlebten es nur deshalb. Weil es *ihre* Welt war.

Ihre und nicht meine. In ihrer Welt führten sie sich wie Götter auf. Dabei war ich die wahre Göttin. Zumindest in der echten Welt.

Und in die echte Welt würde ich nun zurückkehren.

Wahrscheinlich für immer.

ORTE VON FREMDE UND LIEBE
Fine Renzel

Nun stand ich vor diesem Haus, das Eis in meiner Hand. Ein unwissender Betrachter hätte es wohl für ein gewöhnliches Zweifamilienhaus gehalten und sich bloß über die ungewöhnliche Lage gewundert. So direkt gegenüber vom Franziskus-Hospital. Ja, dieser Betrachter hätte es, höchstwahrscheinlich, für schön befunden. Ein verschlungener Weg führte durch einen wilden, aber keinesfalls ungepflegten Garten zur Tür. In diesem Haus befand sich Oma jetzt. Erinnerungen überströmten mich. Als erstes das Foto von Opa und mir, auf dem ich als kleines Baby in einem orangenen Strampelanzug mit einem Frosch darauf in seinen Armen lag. Dieses Foto stand in Omas riesigem Haus am Adlerhorst, in dem sie seit Opas Tod alleine lebte. Wie ich dieses Haus in dem mir so unnahbaren Mauritz betrat, begrüßt von dem weißen Hasen aus Marmor, wie Oma uns empfing und ich ihr aus mir selbst unklaren Gründen keinen Kuss geben wollte. Es war mir einfach zuwider. Unwillkürlich musste ich lächeln. Wie Mama sich aufregte, wenn Oma uns kleine Täschchen und Werbegeschenke der Sparkasse andrehte, von denen wir kleinen Kinder ganz hingerissen waren, die jedoch zu Hause nicht mehr beachtet und im Müll landen würden. In dem Keller, der genauso unübersichtlich riesig wie das Haus war, gab es einen Vorratskeller mit abgelaufenen Dosenprodukten. Von diesem Raum ging noch ein zweiter, sehr kleiner ab, wo wir immer steinharte Starmix geschenkt bekommen hatten. Ich kann nicht sagen, dass es mir bei Oma missfiel. Es gab so viel zu entdecken, wie zum Beispiel den Komposthaufen hinter den Tannen und im Frühling die Maiglöckchen, die in dem großen Garten blühten. Und trotzdem weigerte ich mich, Omas Lippen mit den meinen zu berühren. Als ich größer wurde, sah ich ein, dass unsere Besuche bei Oma an einer Hand abzuzählen waren, dass andere Großeltern mit ihren Enkeln in den Zoo gingen, und ich verstand Mama. Doch das war ganz sicher nicht der Grund. Dass Oma Krebs hatte, war ein Hintergedanke in meinem Kopf, doch ich realisierte ihn erst, als Oma im Krankenhaus lag. Sie war sehr alt, ja, und Fragen tauchten auf. Operieren oder nicht usw. Schließlich fasste Mama den Beschluss, nicht ohne ihn ausführlich mit Oma abgesprochen zu haben, dass sie ins Hospiz solle.

Dort stand ich nun. Vor dem gemütlichen Haus für Sterbende. Auch der unwissende Betrachter würde, unter der Voraussetzung, er sähe genau hin, das eiserne Schild mit der Inschrift »Johannes-Hospiz« bemerken. Ich holte Luft und durchschritt den Garten, wie schon so oft, indem ich dem geschlängelten Weg folgte, trat durch die Tür ein und befand mich – in einer Küche. Durch dieses heimische Gefühl beflügelt und von den freundlichen Menschen ermutigt, erklomm ich die Treppe und trat ohne Zögern in das Zimmer. Dort lag sie, diese Frau, die immer so verkniffen, geizig und anscheinend gefühllos gewesen war. Sie lag dort im Bett, so hilflos, schwach und zerbrechlich. Angewiesen auf andere. Ich sah, dass es ihr noch schlechter ging als bei meinen letzten Besuchen. Ein Lächeln kam auf den dünnen Lippen gerade noch zustande. Ich begrüßte sie fröhlich, aber nicht stürmisch. Und ich erzählte, wie ich es noch nie getan hatte. Belanglose Dinge, die sie unheimlich glücklich machten. Ich staunte über uns, wir, die wir uns so fremd gewesen waren. Und es gefiel mir so gut, in dieser friedlichen Stimmung bei ihr zu sein und ihr beizustehen. Beinahe stolz hatte sie mir ihren Fernseher und andere Accessoires ihres Zimmers gezeigt, doch heute hing das Gespräch ganz von mir ab. Auch das Eis konnte sie nicht alleine essen. Auf meine Frage, ob ich sie füttern solle, hauchte sie ein dankbares Ja. Und als ich ihr, wie einem süßen Baby, Löffel für Löffel das Eis, das ihr höchsten Genuss bereitete, in den Mund schob, durchströmte mich Liebe. Und ich denke, ihr erging es ähnlich. Ich glaube nicht, dass es früher anders war, doch sie konnte es nicht zeigen, vielleicht hatte der Krieg sie abgehärtet. Ich kannte die Geschichte von Mamas Kindheit, in der Oma keine allzu gute Rolle spielt. Ich kannte ihre Profitgier und Lieblosigkeit. Mit vielen Bosheiten war ich vertraut. Wie sehr bedauerte ich Mama aus tiefstem Innern, doch all das konnte doch nicht diese feenhafte Frau gewesen sein, die vor mir lag! Ich verfluche Krieg schon so, aber falls er diese Frau so verändert haben sollte, dass sie nur in ihren letzten Stunden Verletzlichkeit zeigen konnte, dann finde ich endgültig keine Worte mehr für meine Abscheu! Ich erzählte von Zuhause. Ihre verrückte, Orange liebende, Gedichte rezitierende Schwester war bei uns in der Stadt in der Friedensstraße zu Besuch. Dass Oma so viel Eis aß, hatte unser Fasten gebrochen und wir kauften bei der Eisdiele Grava an der Wolbeckerstraße Eis für eine Großfamilie. Der Besitzer nahm unheimlichen Anteil an unserem Schicksal und machte extra noch neues Zitroneneis, Omas Lieblingssorte. Bald war der letzte Rest aus dem Becher gekratzt und es war Zeit für mich zu gehen. Oma wollte mir wieder Geld geben, dass ich gekommen war, doch ich lehnte ab, denn es hatte mir eine ebenso große Freude bereitet. Es sollte das letzte Mal sein, dass wir uns sahen. Und keinem Zwang, sondern einfach nur einer unglaublichen Lust, Freiheit und Liebe folgend, beugte ich mich über Oma, sagte ein paar belanglose, verabschiedende Worte und küsste sie.

ALLEIN GEGEN DIE ZEIT
Francisca Markus

Allein zuhause, allein unter vielen, allein in Berlin, allein gegen die Zeit. Ich bin immer allein. Überall. Es ist nicht so, als ob es mir nicht gefällt ... Ich bin gerne allein. Dachte ich irgendwie schon immer ...!

–

Viele Menschen um mich herum. Alle wie besessen von Arbeit, Handy oder Musik. Die zwei Mädchen da drüben kichern wie zwei Verrückte, die ganze Fahrt schon. Die vier Jungs dort hinten hacken wie besessen auf ihre Handys ein. Ein junger Mann sitzt alleine auf einem Vierer und telefoniert ganz laut mit seinem ›Babe‹. Neben mir ein kleines Mädchen mit riesiger Schultasche. Eine Frau, die die ganze Zeit schon zu einem Mann rüberguckt, der sie aber total ignoriert.
    Ich fange an, laut zu lachen. Wie bescheuert sie doch alle sind. Ich kann mich gar nicht mehr halten vor Lachen. Alle starren mich an und schütteln nur die Köpfe. Aber warum? Ich kann doch machen, was ich will und wo ich will.

–

Alles weiß, als ich meine Augen öffne. Ich kann nichts erkennen, außer einigen schemenhaften Umrissen.
    Ich will tanzen!
    Als ich einen Sprung machen möchte, merke ich, dass ich irgendwie nicht kann. Ich bin fest und liege auf einem Bett.

Mein Körper ist gefesselt an das Bett. Ich versuche mich loszureißen, schreie, die Aliens haben mich gefangen. Ich bin der letzte Mensch! Hilfe! Ich werde sterben!

–

Ein riesiges braunes Auge schaut mich an. Zwei riesige braune Augen! Der Mann zu den Augen schaut mich kritisch an. Ich öffne meine Augen und er setzt ein falsches Lächeln auf: »Hallo, ich dachte, du kommst nicht mehr wieder. Das hatten wir doch vereinbart ... Du musst doch deine Tabletten regelmäßig nehmen!« »Ich will tanzen!«, sage ich. »Du musst erstmal deine Tabletten nehmen!« Ich drehe meinen Kopf weg und schlafe weiter!

–

Ich bin wieder raus aus dem weißen Schlafhaus. Endlich. Als ich in meinem Zimmer ankomme, sehe ich alles verwüstet.

Egal – ich werfe die Tabletten weg und mache mir wie ferngesteuert ein Rührei, setze mich ans Fenster. Es scheint von hier, dass alles still ist, aber so ist es nicht in dieser Stadt. Mir ist es zu laut, am liebsten würde ich nicht hier sein. Obwohl ich schon immer von dieser Stadt geträumt habe, schon als ich 9 Jahre alt war ... Das hier war immer mein Wunsch, mein Traum.

Es war dann nur doch nicht so schön ...

–

Ich schlafe so lange, bis ich nicht mehr kann. Ich weiß, dass auf mich niemand mehr wartet. Ich will auch nicht, dass noch jemand auf mich wartet.

Zwei, drei, vier Wochen – vielleicht auch mehr – vielleicht aber auch weniger – ich gehe nicht raus. Mich will keiner sehen. Ich will auch keinen sehen. In meinem Zimmer gibt es schon lange keinen Spiegel mehr.

Bis mein Alkoholvorrat aufgebraucht ist und mein Gras weg ist. Dann bin ich gezwungen, wieder rauszugehen. Zweimal oder dreimal! Auf einmal würde ich nicht so viel mitnehmen können.

Wieder draußen auf der Straße, abschätzige, mitleidige, ignorierende Blicke. Ich hab mir mein letztes Gras reingezogen.

Ich kenne die Straßen zu gut, fahre mit der Straßenbahn schwarz, umgehe Einkaufsstraßen, gehe durch die mir bekannten Gassen. Sehe den einen oder anderen, keiner erkennt mich wieder. Ob sie sich wohl noch an mich erinnern?

–

»300 Gramm kosten ja eigentlich 180 Euro, aber sagen wir für dich 150 Euro«, grinst mich Edge an. Er weiß, ich brauche es. »Du warst jetzt aber auch schon länger nicht mehr da. Pass auf, dass dich das Zeugs nicht um die Ecke bringt. Ich gebs dir für 130.« Im Grunde ein lieber Kerl, auch fast immer zugepumpt ...

–

Mit meiner Sicherung in der Jackentasche geh ich zu drei verschiedenen Läden und decke mich mit Alkohol ein. Als ich an der Kasse stehe, gucken mich die Leute komisch an, wegen der 3 Flaschen Wodka? Wegen meines Aussehens? Wegen meines Gestanks?

–

Als ich dann wieder in meinem Zimmer bin, lasse ich mir Wasser in die Badewanne einlaufen. Heißes Wasser, ich meine, mich nicht mehr spüren zu können ... das erste Mal wieder baden seit längerem.

Als ich aus der Badewanne steige, ist das Wasser fast schwarz. Ich spiele mit dem Gedanken, daraus zu trinken, aber ich bevorzuge dann doch die Flasche Whiskey neben dem Waschbecken. 3, 4, 5, 6 ... 7, 8 kräftige Schlucke, die Flasche ist schon leer. Das war wohl alles, was ich in der Zeit gelernt habe.

-

Ich lege mich auf meinen Balkon mit einer neuen Flasche Whiskey und schaue nach unten. In solchen Momenten, in denen ich mich mal wieder zuhause fühle in dieser Stadt, überkommt mich der Wunsch, einfach aufzuhören.

Über mir eine WG-Party, es geht so ziemlich bis an die Grenzen. Ich höre kotzende Menschen, schreiende Menschen, klirrende Gläser. Auf dem Balkon philosophieren einige Leute, natürlich nicht, ohne zwischendurch ordentlich einen zu schniefen.

Alles ist mir so bekannt, aber gleichzeitig so fremd.

Heute höre ich noch nicht auf, und so schlafe ich einfach im Sonnenaufgang auf meinem Balkon ein.

-

Ich renne die Straßen der Stadt entlang. Kein Mensch guckt mich an. Ich schreie. Ich suche Hilfe. Stürme in Läden hinein und schreie um Hilfe – um Kopfschütteln zu ernten.

Auf mich drücken Lichtblitze, Geschrei, ein widerwärtiger Gestank wie am Bahnhof, enge Klamotten, schreckliche Musik.

Ich renne über Straßen, Autos hupen.
Wo will ich hin?

–

Schweißgebadet wache ich auf. In der Wohnung über mir geht ein Fenster auf. »Alles okay da unten? Wir haben nur ein unterdrücktes Schreien gehört ...«, fragt mich ein verstrubbelter Student. Ich nicke wortlos und gehe in meine Wohnung.

–

Ist jemand da, der mir helfen will? Der Interesse an mir hat? Ich lege mich zu meinen Pfandflaschen. Auf einmal gefällt mir der Teppich nicht mehr, auf dem ich mit meinen Flaschen liege. Ich nehme ihn und werfe ihn aus dem Fenster. Vielleicht ... ist mir auch egal ...

Ich gehe zu meiner Jacke und hole mein Gras. Baue mir einen Joint und leg Verschiedenes dazu. Die Mischung machts ...

–

Beim dritten Zug wird meine Tür aufgerissen. Zwei bewaffnete Männer kommen rein und sehen sich entsetzt um. Als sie mich sehen, packen sie ihre Pistolen wieder ein. »Sie schon wieder ... Mensch Meier. Ick wollt hier nischt rein, Andi. Sach doch mal wat. Sollen wa dich inne Psychiatrie bringen?« »Udo. Ick hab dir doch jesagt, dat dat unser Job is. Auf jehts. Und Sie, Herr Nachbar, ick dank Ihnen mal janz höflich. Dat is jut wie se uns det jesagt haben.«

–

Alles weiß, als ich meine Augen öffne. Schon wieder. Auf einmal kommt mir der Gedanke an meine Prüfung. Neun Uhr! Letzte Chance. Wenn ich das nicht schaffe, ist mein Platz an der Uni weg. Ich will aufstehen, versuche verzweifelt, aus dem Bett zu kommen. Als ich merke, dass ich das nicht schaffe, sacke ich wieder zurück und höre auf, um Hilfe zu rufen. Ich weiß nicht mehr, was ich tun soll.

–

Als ich aufwache, steht jemand vor mir, mit riesigen braunen Augen. »Hallo. Na, schön geschlafen? Ist ja auch gar nicht lange her, dass wir uns gesehen haben. Die Schwester hat mir gesagt, dass du um Hilfe geschrien hast und als sie dann später vorbeikam, schliefst du schon und redetest von der Uni … Kümmer dich erstmal nicht mehr um die Uni. Wir kümmern uns jetzt um dich und danach können wir uns zusammen um die Uni kümmern. Okay?« Uni? Welche Uni? Ich gehe schon lange nicht mehr zur Uni. Und diesen Typen hab ich auch noch nie gesehen … »Wer sind Sie denn eigentlich?« »Ich bin dein behandelnder Arzt. Und wie ich sehe, hast du die Tabletten nicht genommen, die ich dir mitgegeben habe. Aber ich glaube, es bringt jetzt nichts, darüber zu sprechen. Gleich gibt es Mittagessen und dann werden wir weitersehen.« »Gut, aber welche Behandlung? Bin ich denn krank?«

»Wie gesagt, das besprechen wir später …«

–

»Ich wollte immer hierhin. In unsere Stadt. Schon als ich 9 Jahre alt war. Und als ich mein Abitur dann hatte und ich wusste, dass ich Theologie studieren wollte, bewarb ich mich erfolgreich an der Humboldt-Universität. Meine Eltern wollten nicht, dass ich gehe, also ging ich einfach, als alle schliefen. Ich ließ ihnen einen Zettel da, auf dem stand: »Ich hab euch lieb. Wir sehen uns.« Aber als ich ankam, dachte ich, ich hätte alles falsch gemacht. Ich sinke in mich zusammen. Mein Arzt Alex hört mir aufmerksam zu.

»Weißt du, ich wollte immer hierhin. Immer schon, und als ich hier war, wollte ich nur noch weg. Ich war hier fremd. Außerdem hatte ich keine Wohnung. Ich lebte zwei Tage im Friedrichshainpark, aber weil ich immer noch optimistisch war, suchte ich mir eine Wohnung oder ein Zimmer. Zum Glück fand ich eins im Studentenwohnheim. Zweitletzte Etage. Ich stand des Öfteren auf dem Balkon und wusste nicht weiter.«

–

Ich nehme einen Schluck Tee, eines Tees, den ich eigentlich überhaupt nicht mag. Ich merke, wie aus meinem Auge eine Träne kullert und wische mir mit der Hand die Träne von der Wange. Ich dachte immer, das alles ist schon zu weit weg von mir. Ich bin zu weit weg von mir. Bin nicht mehr ich selbst.

–

Ich fahre fort: »Als ich in meiner ersten Vorlesung saß, konnte ich nicht zuhören. Ich war am Abend vorher bei einer WG-Party gewesen und hatte die Nacht nicht geschlafen. Die Nächte davor auch nicht. Die letzten Worte des Professors bekam ich allerdings doch noch mit:

»Was meinen Sie, macht Sinn? Ich bitte Sie inständig, darüber zu philosophieren, damit Sie mir weiterhin folgen können«, mehr nicht. Am Abend ging ich wieder auf eine WG-Party. Ich kannte niemanden.

–

Nur wer auf der einen Party war, wurde zur nächsten eingeladen. Kotzende Menschen, schreiende Menschen, klirrende Gläser. Philosophierende Leute, natürlich nicht ohne zwischendurch ordentlich einen zu schniefen. Und das 3 Monate lang, fast jeden Abend. Und ich konnte nicht aufhören. Ich konnte nicht genug bekommen. Bis wir Klausuren schreiben mussten. Ich ging nicht hin, war noch bekifft vom Abend vorher. Ich hatte einige kennengelernt. Ich hatte mich, so gut wie es ging, eingelebt. Ich glaube, ich hatte zwei Leben, nur kam ich damit nicht klar. Einmal Student und einmal Partygänger zu sein. Ich weiß nicht, wer ich bin. Meine Klausuren waren wichtig. Ohne diese würde ich nicht weiterkommen. Ich kam nicht weiter.

–

»Hiermit werden Sie exmatrikuliert.« Nichts hat einen Sinn. Ich hab mich verloren. Kann mich nicht mehr sehen.

–

Sucht! Schizophrenie! Burnout! Der soll mir helfen, der Typ da, der mir gerade irgendwas erzählt? Ich renne raus aus dem Raum. Aus dem weißen Schlafhaus. Raus. Raus. Raus! Ich renne, stoße Leute um. Ich haue ab. Vor wem, weiß ich nicht.

Lichtblitze, Geschrei, ein widerlicher Gestank wie am Bahnhof, enge Klamotten, schreckliche Musik. Alles taucht wieder auf. Die kranken Leute auf den Partys. Junkies. Suchtis. Abhängige. Psychisch Gestörte. Behindis. Ich hasse sie. Als ob es nicht genug Probleme gäbe ...

–

Ich gehe zurück in mein Zimmer. Schnappe mir ein Blatt, einen Stift und schreibe ›tschö‹ drauf. Die Sonne geht gleich unter.

–

Ich schlüpfe durch die enge Treppe, die nach oben führt. Vom Dach sieht die Stadt schön aus. Ich kriege nichts mehr mit. Die Sonne verschwindet hinter der Stadt. Ich genieße ihre letzten Strahlen. Unten stehen Menschen und schauen mich alle an. Ich sehe den Alex. Meine erste Liebe. Das letzte Mal, dass ich mich auf diese Stadt stürze ...
    Ich setze mich auf die Kante vom Dach. »Einfach abstoßen«, hat ein Freund mal gesagt – beim Turmspringen.

–

Ich werde mich abstoßen. Ich hab keine Angst. Alex steht.

DER KAMPF GEGEN MICH SELBST
Efrosini Apostolakis

Die Schulglocke läutete und ein ganz normaler Schultag ging zu Ende. Ohne mich von meinen Mitschülern zu verabschieden, lief ich in Richtung Ausgang. Ich nahm wie jeden Tag die Buslinie Nummer 13 zum Bahnhof, um von dort aus mit dem Zug nach Hause zu fahren. Der Bus war wie immer voll. Mir war schwindelig und ich hatte Kopfschmerzen. Alle Blicke waren von dem Moment des Einsteigens an auf mich gerichtet. Einige Leute tuschelten in der letzten Reihe, aber an solche Situationen hatte ich mich inzwischen gewöhnt. Glücklicherweise konnte ich den letzten freien Platz ergattern und ließ mich erschöpft auf den Sitz fallen.

Am Bahnhof angekommen, durfte ich keine Zeit verlieren. Schnell rannte ich die Treppen hinunter, um anschließend den Aufzug zum Bahnsteig 8 zu nutzen. Vollkommen aus der Puste kam ich am Aufzug an. Immer noch war mir schwindelig. Die Tür ging auf und ich stieg hinein. »Wie ich Aufzüge hasse«, dachte ich. Fremde Gesichter, die mir ihre kalten und teils erschrockenen Blicke zuwarfen und blitzschnell andere Wege suchten. Die unheimliche Stille, die nur durch das Geräusch des Aufzuges gebrochen werden konnte. Die stickige, warme, verbrauchte Luft ließ den Raum noch viel kleiner wirken, als er tatsächlich war. Ich schwankte. Ich verspürte Erleichterung, als sich die klappernden Türen endlich wieder öffneten und schlängelte mich durch die Menschenmenge. Jeder war im Stress und wollte seinen Zug erwischen. Leute drängelten und ich bekam kaum noch Luft. Man versuchte, über zehn andere Köpfe hinweg mit anderen Menschen zu kommunizieren, was unmöglich war und nur Lärm verursachte. Lärm, den ich nicht ertragen konnte. Ich hörte ein unangenehmes Piepen in meinem rechten Ohr, das erst verschwand, als ich in meinen Zug stieg, den ich gerade noch erreicht hatte. Jetzt war alles gut, denn ich wusste, dass ich gleich zuhause sein würde und dies alles hier nicht mehr ertragen müsste. Weg von dem Lärm, weg von Aufzügen, Bussen und Zügen. Doch vor allem – weg von den Menschen. Zuhause angekommen, zog ich als erstes meine Jacke und meine Schuhe aus und wusch mir danach sofort gründlich die Hände. Einmal, zweimal, drei- und vielleicht auch viermal, um sicher zu gehen. Ich konnte meinen Herzschlag in meinem Kopf spüren. »Ich bin zwar erschöpft, aber Mama darf es nicht merken«, dachte ich angestrengt. Ich nahm all meine Kraft zusammen und schrie die Treppe hinauf. »Mama! Ich bin da!« Meine Mutter kam die Treppen runtergelaufen und gab mir einen Kuss auf die Wange. »Und wie war dein heutiger Schultag, Anna?«, fragte sie mich mit einem Lächeln im Gesicht. »Wie immer, Mama. Es ist nichts Besonderes passiert. Ich werde sofort nach oben in mein Zimmer gehen, um meine Hausaufgaben zu machen. Wir haben nämlich viel aufbekommen zu morgen«, antwortete ich und lief mit der letzten Energie, die ich aufbringen konnte, die Treppen hinauf in mein Zimmer. »Während du deine Schularbeiten erledigst, werde ich uns etwas kochen!«, rief sie mir noch hinterher. Doch ich tat so, als hätte ich es nicht mehr gehört und machte leise die Tür hinter mir zu. »Ausgerechnet heute, wo ich mich nicht konzentrieren kann und es mir nicht gut geht, habe ich so viele Hausaufgaben zu machen«, dachte ich mir und fasste mir an die Stirn. Trotzdem mussten die Schularbeiten irgendwie erledigt werden. Also holte ich mein Mathebuch aus der Tasche und legte es auf meinen Schreibtisch. Es fühlte sich viel schwerer an als sonst und ich musste es sogar mit zwei Händen tragen, damit ich es nicht gleich wieder fallen ließ. Vorsichtig setze ich mich an meinen Schreibtisch. Meine Hände zitterten und meine Knie waren weich wie Butter. Es fühlte sich so an, als hätte ich Nadeln verschluckt, die von innen in meinen Bauch stachen. Ich nahm den kalten Stift in die Hand und schrieb oben links das Datum in mein Heft. Mein Gesicht in der Fensterscheibe war leichenblass. Die erste Aufgabe erschien mir schon viel zu schwer. Ich verlor mich in meinen Gedanken und guckte den fröhlichen Nachbarskindern beim Fußballspielen zu. Ich beneidete sie um ihre Lebensfreude. Sie waren so glücklich. Eine Träne lief mir die Wange hinunter und tropfte anschließend auf mein leeres Blatt Papier. »Anna, essen kommen!«, rief meine Mutter. Doch ich bewegte mich kein bisschen und starrte weiter zum Fenster hinaus. Ich wischte mir gerade die Tränen weg, als sie erneut rief: »Anna, hörst du mich nicht? Das Essen ist fertig!« Ich wusste genau, dass sie als nächstes die Treppen hoch in mein Zimmer kommen würde. »Ich hab dich schon zweimal gerufen. Jetzt komm, sonst wird das Essen kalt«, sagte sie. Ich schaute auf den Boden. Wie gerne hätte ich zurückgelächelt. Doch ich konnte es nicht, nicht in diesem Moment. Es wäre nicht ehrlich, es wäre gespielt gewesen. Mir war nicht danach. Ich hätte eher weinen können. Alles, was ich machen konnte, war kurz hochzuschauen, dann zu nicken und anschließend wieder auf den Boden zu gucken. Meine Mutter nahm mich am Arm und ging mit mir die Treppe herunter. Ich merkte jeden einzelnen Knochen meines Körpers. Jede Bewegung schmerzte. »Ich geh vorher noch die Hände waschen, Mama.« »Tu das, wenn du dich danach fühlst.« Ich ging ins Bad, trug die Seife auf und hielt meine Hände unter das Wasser. Dies wiederholte ich dreimal, bis sich meine Hände sauber anfühlten. Meine Mutter bat mich, mich an den Küchentisch zu setzen. Die Rückenlehne des Stuhls war kalt und obwohl er mit Kissen gepolstert war, schien er so hart zu sein. »Es gibt Kartoffelbrei mit Würstchen und Sauerkraut«, sagte meine Mutter und füllte meinen Teller. Ich nahm die Gabel und stocherte im Kartoffelbrei herum. »Anna, bitte spiele nicht mit dem Essen rum. Jetzt iss doch einfach und hör auf damit!« Komischerweise tat ich heute, was sie sagte. Normalerweise wäre dies der Moment gewesen, in dem alles wieder eskaliert wäre. Der Moment, in dem ich wieder angefangen hätte zu schreien. Der Moment, in dem ich meiner Mutter heftige Beleidigungen an den Kopf geworfen hätte. Der Moment, in dem ich mit allem, was ich nur um mich herum finden konnte, mit Tassen, Gabeln, Tellern, Gläsern, sogar Messern geworfen hätte. Der Moment, in dem ich meine Mutter vor Wut geschlagen hätte. Doch es kam nicht so. Ich war viel zu schwach, um zu schreien und mich querzustellen. Viel zu schwach, um nach Dingen zu greifen, um sie vor Wut zu zerstören. Friedlich aß ich mein Essen auf. Ich konnte die Erleichterung, die meine Mutter verspürte, an ihrem Gesicht ablesen. Dies war das erste Mal seit Wochen, dass wir gemeinsam am Tisch saßen und wie jede andere normale Familie zu Mittag aßen. Nach dem Essen ging es mir besser. Das Schwindelgefühl und meine Kopfschmerzen waren weg. Ich zitterte nicht mehr und fühlte die Wärme in mein Gesicht steigen. Was ich allerdings auch noch dazubekam, war ein schlechtes Gewissen. »Du brauchst mir nicht helfen, den Tisch abzudecken. Ich mache das schon«, sagte meine Mutter mit fröhlicher Stimme. »Danke«, seufzte ich. Nun ging ich wieder ins Bad. Ich drückte die eisigkalte Türklinke herunter und machte die Tür auf. Ich ging hinein. Als die Tür zufiel, brach ich in Tränen aus. Ich ließ mich zu Boden fallen, machte mich ganz klein und fasste mir an den Kopf. »Wieso hast du das gemacht? Ich hasse dich, ich hasse dich dafür!«, dröhnte die Stimme in meinem Kopf. »Du weißt genau, dass du zu dick und zu fett bist! Wieso dann also noch mehr in dich hineinstopfen? Willst du noch mehr zunehmen? Willst du noch dickere Oberschenkel bekommen oder einen noch dickeren Bauch? Guck dir doch mal deinen ganzen Speck an! Denkst du nicht, das ist genug?« Ich fühlte mich leer und eiskalt. Ich fühlte mich allein gelassen. Ich fühlte mich fremd in meinem eigenen Körper. Mein Selbsthass wuchs von Minute zu Minute. Schließlich stand ich auf, drehte den Wasserhahn voll auf, beugte mich dann über die Toilette und steckte mir den Finger in den Hals. Ich übergab mich, bis ich kaum noch auf den Füßen stehen konnte. Ich war aschfahl im Gesicht und die Kopfschmerzen tobten rasend durch meinen Schädel. Plötzlich wurde mir schwarz vor Augen – ich wurde bewusstlos. Meine Mutter kam hereingestürzt. Sie rief den Krankenwagen. Ich wog nur noch 30 Kilo.

WAS ICH NOCH SAGEN WOLLTE
Julia Nickel

Ich möchte euch meine Geschichte erzählen. Wahrscheinlich interessiert sie euch nicht, aber das ist mir egal. Ich werde sie euch trotzdem erzählen.

Wer ich bin? Ihr habt mich bestimmt schon einmal gesehen. Ich gehe auf eure Schule. Vielleicht glaubt ihr auch, mich zu kennen, weil ich in eure Klasse gegangen bin. Aber ich kann euch versichern, dass es nicht stimmt. Ihr kennt mich alle nicht. Und wenn ihr ehrlich seid, dann müsst ihr jetzt zugeben, dass ihr das auch nie wolltet. Ihr wolltet mich nicht kennen lernen. Ihr mochtet mich nicht. Das habt ihr mir alle gezeigt. Jeden verdammten Tag in meinem Leben habt ihr es mich spüren lassen. Habt mich spüren lassen, dass ihr mich nicht akzeptiert. Habt mich spüren lassen, dass ich eine Fremde bin für euch.

Am Anfang wollte ich unbedingt dazugehören. Ich habe alles versucht. Habt ihr das denn nicht bemerkt? Ich habe versucht, mich mit euch anzufreunden. Versucht, euch zu verstehen. Aber ihr habt mir keine Chance gegeben und das war schrecklich für mich.

Dieser Ort hier ist mein zweites Zuhause geworden. Eine bittere Wahrheit. Immer, wenn ich es draußen nicht mehr ausgehalten habe, dann bin ich hierher gekommen. Immer, wenn ich eure Mauern nicht mehr ertragen konnte.

Jetzt fragt ihr euch sicherlich, was ich mit Mauern meine, nicht wahr? Ich will es euch erklären.

Mauern gibt es schon immer. Überall auf der Welt. Manche schützen uns. Manche engen uns ein. Manche können wir durchbrechen und manche bleiben für immer.

Ich habe in meinem Leben schon viele Mauern gesehen. Aber es gibt nicht nur solche aus Stein und Beton. Es gibt auch Mauern, die kann man nicht sehen, weil sie nämlich nur in den Köpfen der Menschen existieren. Es sind die schlimmsten, selbst wenn man sie nicht sehen kann, spürt man, dass man dagegen rennt. Dass man nicht weiterkommt.

Ihr habt solche Mauern in euren Köpfen. Streitet es nicht ab. Ich weiß es. Ich habe es jeden Tag gespürt. So oft bin ich dagegengeprallt, wenn ich versucht habe, sie zu überwinden. So oft gescheitert. Und immer, wenn ich gescheitert bin, dann bin ich hierher gekommen.

Dann habe ich genau dort gesessen, wo du jetzt sitzt. Manchmal habe ich geweint. Ich habe gelernt, leise zu weinen, sodass es keiner hört und keiner sieht. Meistens habe ich erst gemerkt, dass ich weine, wenn die Kritzeleien an der Wand vor meinen Augen verschwommen sind. Schnell dahin geschriebene Worte vieler Generationen von Schülern. Sie kommen, sie gehen, aber ihre Worte bleiben. Genau wie meine Worte, die du jetzt hier an der Wand liest. Deswegen habe ich sie dorthin geschrieben, damit ihr sie lesen könnt, damit ihr sie lesen müsst und damit ihr euch jeden Tag daran erinnert, was ihr mir angetan habt.

Irgendwann musste ich mich damit abfinden, dass ihr mich nicht wollt. Ich musste einsehen, dass ich eine Fremde für euch bin und ich es nicht schaffe, die Mauer einzureißen, die ihr »Stein für Stein« hochgezogen habt.

Ich hätte es geschafft einzusehen, dass ich immer alleine sein werde. Ich hätte es geschafft, die Mauer zwischen uns zu ignorieren, die mich ausgrenzt. Wenn ihr mich nur gelassen hättet. Wenn ihr mich einfach in Frieden gelassen hättet. Stattdessen habt ihr es mir immer wieder gezeigt. Habt mir immer wieder gezeigt, dass ich nicht dazugehöre, dass ich eine Fremde bin.

In jeder Pause war ich euren Sticheleien ausgesetzt. In jeder Pause musste ich euren Spott über mich ergehen lassen. Und geendet hat es immer hier. Auf der Toilette. Aber natürlich konnte ich mich nicht ewig vor euch verstecken, irgendwann musste ich immer wieder herauskommen und jedes Mal wurde es schrecklicher. Jeden Tag wurde es schlimmer. Eure Sprüche wurden fieser, eure kleinen Gemeinheiten wurden größer und ihr wurdet immer hemmungsloser.

Wisst ihr eigentlich, wie oft ich mich gefragt habe, womit ich das verdient habe? Wisst ihr, wie oft ich mich gefragt habe, warum ich anders bin als ihr? Warum ihr mich nicht einfach in Ruhe lassen könnt? Jeden Tag. JEDEN Tag.

Und ich konnte nichts machen. Weil alles, was ich hätte tun können, es noch schlimmer gemacht hätte. Also habe ich nichts gesagt. Nichts gemacht. Habe einfach alles über mich ergehen lassen.

Wisst ihr, was das für ein Gefühl ist? Wisst ihr, was es für ein Gefühl ist, alleine zu sein?

Ich habe mal einen Spruch gelesen. *Die Menschen bauen zu viele Mauern und zu wenig Brücken.*

Früher habe ich mir gewünscht, ihr würdet ihn kennen, diesen Spruch, weil es unmöglich ist, eine Brücke alleine zu bauen. Aber jetzt glaube ich, dass es nichts geändert hätte. Gar nichts. Auch wenn ich es geschafft hätte, eine Brücke zu bauen, wenn ihr mich die Mauer hättet einreißen lassen, dann wäre ich noch immer eine Fremde gewesen für euch. Ich wäre es vermutlich immer geblieben.

Wisst ihr, was das bedeutet? Das bedeutet, dass ich immer allein gewesen wäre. Auch ohne Mauer. Ist das nicht eine niederschmetternde Erkenntnis?

Ihr fragt euch jetzt, warum ich euch das alles erzähle, nicht wahr? Ich habe es ja eben schon angedeutet. Ich will, dass ihr wisst, was ihr mir angetan habt. Ich will, dass ihr wisst, dass es eure Schuld ist. Das sind jedenfalls zwei meiner Gründe. Aber, wenn ich ehrlich bin, dann ist der Hauptgrund ein anderer. Ich will, dass ihr mich nicht vergesst, weil ich will, dass sich hier etwas ändert. Auf dieser Toilette soll niemand mehr sitzen und weinen.

Deswegen habe ich diesen Text an die Klotür geschrieben. Deswegen sitzt du jetzt hier und liest, was mir durch den Kopf gegangen ist in meinen letzten Minuten in dieser Toilettenkabine und musst versuchen, damit klarzukommen.

Bleibt mir nur noch, mich zu verabschieden. Wenn ich sagen würde, ich werde euch vermissen, dann müsste ich lügen. Ich werde euch ganz bestimmt nicht vermissen. Keinen einzigen von euch. Auch »Auf Wiedersehen« werde ich nicht sagen, denn ich werde diesen erniedrigenden Ort nicht wieder aufsuchen. Damit ist jetzt Schluss.

Aber eines will ich noch loswerden, bevor ich diese trostlose Toilettenkabine jetzt für immer verlasse.

Ihr habt mir das Leben zur Hölle gemacht. Und ich habe euch dafür gehasst. Ich habe euch ebenso sehr gehasst, wie ich euch bewundert habe. Aber auch das ist jetzt vorbei. Ihr glaubt, ihr seid es wert, dass ich euch bewundere? Ihr glaubt, ihr seid es wert, dass ich euch hasse?

Ich gebe zu, ich habe lange gebraucht, bis mir die Antwort klar geworden ist. Aber ich bin mir jetzt ganz sicher. Die Antwort ist NEIN. Nein, ihr seid es nicht wert.

Und vielleicht ist es nicht schlimm, dass ich es nicht geschafft habe, eure Mauer einzureißen, denn ich bin anders als ihr und darauf kann ich stolz sein. Und eines kann ich euch sagen: Ich werde diesen Ort erhobenen Hauptes verlassen und dann wird sich alles ändern.

IN STILLER EINSAMKEIT
Neele Peters

Sie sitzt da, wirkt irgendwie zufrieden. Starrt aus dem Fenster hinaus in die schneeweiße Gartenlandschaft. Geschneit hat es – seit Jahren wieder mal richtig. Ich frage mich, was Mama gerade denkt. Weiß sie, was sie denkt? Sie tut mir leid, verzweifelt bin ich. Immer entfernter scheint sie mir. Für nichts habe ich mehr Zeit. Ich mach es meistens gerne, obwohl sie meine ganze Kraft erfordert. Ich muss es machen. Zusehen, wie sie nicht mehr sie selbst sein kann, zusehen, wie sie uns und sich selbst immer fremder wird. Von jetzt auf gleich sehe ich, wie sich eine Träne löst, ihre Wange herunterrollt, einen Tropfen auf ihrer Bluse hinterlässt. Einen Abdruck, einen Fleck, in dem sich die Vergangenheit, ihre Einsamkeit widerspiegelt. Das, was einmal war. Die, die sie einmal war. Ihre Gedanken scheinen wieder einmal weit entfernt. Sie ist einsam. Fühlt sich in sich fremd. Wir sind ihr fremd. Sie ist ganz still.

Jeden Morgen wache ich auf, habe den Drang danach, sofort zu meiner Mutter zu fahren, um einfach nur bei ihr zu sein. Jeden Tag hoffe und wünsche ich mir, dass sie wieder klare Gedanken fassen kann. In meinem Kopf spielen sich Szenen ab, vor denen ich mich mit jedem Tag mehr fürchte. Eines Tages, als sie noch eine eigene Wohnung hatte, und ich sie besuchen wollte, stand sie in ihrer rotkarierten Kochschürze vor mir und war entsetzt darüber, dass weder ihr Mann, noch einer ihrer Freunde und Bekannten eingetroffen waren. Ich war verwundert. Ihren Kochlöffel in der Hand und fester Überzeugung erwartete sie ihre Gäste. Die Tafel war gedeckt. Ich wusste ganz genau, dass keiner käme, die, die sie erhoffte, waren schon längst alle tot. Auch Papa. Von diesem Moment an war mir klar, dass es kaum noch ein Jetzt in ihrem Kopf gab. Von da an merkte ich, dass sie sich von mir und dem Leben entfernte.

Ich fuhr nach Hause, kuschelte mich in meine Decke und sah mir Alben von früher an. Welch eine Lebensfreude sie gehabt hatte. Ihr Lächeln war so wunderschön und sagte so viel aus. Mir liefen die Tränen herunter. Ich weinte laut, war wütend auf das, was in meiner Mutter war. Dieses »Biest«, das ihr ihre Erinnerungen stiehlt, sich in ihr ausbreitet, immer weiter in sie eindringt und sie seelisch und geistig auffrisst. Sie dazu bringt, uns zu vergessen, nur noch die Vergangenheit als Realität wahrzunehmen. Schon wieder war ein Tag vorüber, an dem ich nicht an damals denken durfte.

Solange sie mit sich im Reinen ist, kann auch ich es sein.

Wenn Sie traurig und einsam ist, fühle ich mich ihr ganz nah und möchte sie trösten, aber es ist schwer, sie dabei nicht zu verunsichern.

Ich wünsche ihr, dass sie irgendwann in Ruhe für immer still sein kann, obwohl ich mich davor fürchte.

Aber so wie die Träne einen Abdruck, eine Spur auf ihrer Bluse hinterlässt, so werde ich immer ihre Spuren in meinem Herzen tragen.

EIN EINZELNES BLATT
Kristina Winter

Meine Umgebung war leer und sie war voll. Voll mit vielen meiner Art, voll mit vielen, die so sein sollten wie ich – denen *ich* ähnlich sein sollte. Aber ich war es nicht.

Ich war nicht wirklich einsam hier, wir waren viele. Immer war ich umringt von anderen, nie war es vollends still. Immer konnte man ein Scharren hören, ein Seufzen, ein kehliges Husten oder stapfende Schritte.

Und doch blieb ich für mich. Ich hätte so sein sollen wie sie, ich hätte zu ihnen gehören müssen. Ich habe es sogar versucht, aber immer fiel ich heraus. Ich war immer anders als sie, das konnte ich nicht verbergen. Sie waren der Tag und ich die Nacht – und das war ihnen ebenso klar wie mir. Manchmal hatte ich das Gefühl, dass ich, obwohl ich in der Masse schwebte, doch alleine war.

Sie taten es nicht aus Bösartigkeit, sie taten es bloß, weil sie Sorge hatten auch aufzufallen. Ich fiel immer auf, immer und jedem. Wenn sie um mich herum standen, dann fielen auch immer sie auf – und das wollten sie nicht. Ich traute mich gar nicht mehr, auf sie zuzugehen. Ich war verwirrt, sie erschienen mir alle so gleich. Eine Masse, aus der nur ich hervorsteche. Eine Masse, die geprägt von Einheit ist, aus der niemand hervortreten will. Sie bietet Schutz, aber welchen Schutz besitze ich? Ich besaß ihn nie!

Was habe ich getan, dass ich so bin wie ich bin? Ich wollte es doch nicht. Ich wollte auch so sein wie sie! Ich wollte auch in ihrer Masse verschwinden, gleich sein, Gleichgesinnte finden. Aber ich konnte es nicht, selbst wenn ich es gekonnt hätte – heute würde ich es nicht mehr wollen.

Heute habe ich eines begriffen: Ich bin zwar nicht wie sie, aber das ist nicht schlimm. Ich steche hervor, meine Erscheinung ist besonders, sie ist einzigartig. Ich muss nicht einer von vielen sein, auch wenn das bedeutet, dass Blicke auf mir ruhen. Blicke, die ich immer für ebenso bösartig wie die der Masse gehalten habe. Blicke, die nur mich zu sehen scheinen, vor denen ich mich nicht verbergen kann. Heute denke ich, dass diese Blicke noch mehr erkennen:

Ich bin einzigartig, mich kann man nicht vergleichen. Ich bleibe den Leuten im Gedächtnis. Denkt ihr etwa, einer der anderen wüsste immer, mit wem er spräche? Wir sind so viele, all die anderen können sich gar nicht kennen. Sie können sich kaum untereinander abgrenzen.

Mich kennt jeder. Mich erkennt jeder! Jeder weiß, wer ich bin und dadurch, dass ich anders bin, weiß auch jeder, *dass* ich existiere. Niemand würde mich vergessen. Würde ich fehlen, würden sie sich an mich erinnern. Ja, dadurch, dass ich ihnen fremd, dadurch, dass ich anders bin, bleibe ich ihnen doch im Gedächtnis, ob sie es wollen oder nicht. Ob ich es will oder nicht.

Letztens kamen Fremde zu uns. Sie blieben nicht lange, aber sie ließen es mich erkennen. Sie waren zu zweit, einer von ihnen war groß, der andere sehr klein. Sie sind überhaupt nicht wie wir, sie beachten uns für gewöhnlich auch nicht. Und falls sie uns doch Beachtung schenken, dann nur wegen der Dinge, weswegen die Masse von mir Abstand hält, weil sie sich fürchtet aufzufallen.

Aber dieses Mal war es anders.

Der Kleine von ihnen war es, der sprach. Seine Worte erklingen noch jetzt häufig in meinen Ohren, hallende Töne, die immer wiederzukehren scheinen:

»Guck mal, Mama! Das Schwarze ist noch da! Darf ich es füttern?«

Und es war so, dass nur ich derjenige sein durfte, der an den Blättern der Schafgarbe knabberte. Nur ich wurde von dem kleinen Menschen dazu erwählt, mit etwas Leckerem, hier so seltenem versorgt zu werden.

Ich bin aufgefallen, ich konnte mich nicht in der Masse tarnen. Aber dadurch, dass ich mich von ihr abhob, dass ich nicht zu ihr gehörte, dass ich einzigartig, individuell war, dass ich fremd war, anders war, nur dadurch wurde ich auch ausgewählt. Ich kann nichts dafür, anders zu sein; meine Wolle ist schwarz wie die finsterste Nacht und nicht so weiß wie das gleißende Licht.

Aber nun frage ich mich nicht mehr: Warum bin gerade ich anders?

Ich frage mich: Warum sind die anderen es nicht?

Ich bemitleide sie. Wären sie anders, würde man auch ihnen etwas Leckeres bringen, dann würden sie sich auch von der Masse abheben. Aber auch sie können nicht aus ihrem Fell heraus. Ebenso wie ich es nicht kann. Niemand kann aus seiner Haut heraus.

Denn obwohl wir alle gemeinsam tagein, tagaus auf dieser Wiese stehen und zusammen weiden, werde ich ihnen wohl doch für immer fremd bleiben, exotisch fremd.

HOFFNUNG VERLEIHT FLÜGEL
Maren Austermann

Es ist Samstagmittag, kurz nach eins. Beim Anblick der Unmengen von Menschen, die sich auf den Marktplatz drängen, rumort es in meinem Magen. Vor lauter Turnschuhen, Absätzen und Rollatorrädern kann ich das Kopfsteinpflaster kaum sehen. »Du bist anders!«, schreien sie mir entgegen. »Was suchst du hier? Geh wieder zurück!«

Warum muss ich auch ausgerechnet heute so spät aufwachen? Frühmorgens ist es auf dem Domplatz schön leer, sodass man in Ruhe alle Besorgungen machen kann. Aber jetzt?

Am liebsten wäre ich umgekehrt und hätte den nächsten Bus nachhause genommen. Aber ich muss auf den Markt. In meinem Kühlschrank herrscht Dürre und ich kann unmöglich zwei Tage mit drei Scheiben Brot und ein paar sauren Gurken auskommen. Nein, ich habe keine andere Wahl, als mich in das Gewimmel zu mischen.

Ich hole tief Luft und überquere die Straße. Mein Blick huscht von links nach rechts, müsste überall zugleich sein, doch das ist unmöglich. Sofort werde ich von allen Seiten angerempelt. Eine Einkaufstasche schlägt gegen mein Bein, ein Herr mit schwarzen Schuhen tritt mir mitten auf den Fuß und die Masse drängt mich in die völlig falsche Richtung.

Stopp! Verzweifelt setze ich die Ellbogen ein und kämpfe mich zur Gasse mit den Käseständen. Wütende Münder bewegen sich rasend schnell vor meinen Augen. Es sieht aus, als bekämen ihre Besitzer keine Luft und würden verzweifelt nach Atem ringen. Wie kleine Fische, die aus dem Meer an Land gespült wurden. Es ist wahrscheinlich besser, dass ich die Beschimpfungen nicht verstehe. Ich ignoriere die genervten Blicke der Leute, fixiere nur meine Füße, damit ich weiß, wo ich hinlaufe.

Endlich erreiche ich meinen Lieblingskäsehändler. Vor seinem Wagen hat sich bereits eine große Traube Kauflustiger versammelt. Sie überragen mich alle, sodass ich keinen Blick auf die Auslage erhaschen kann. Ich stelle mich hinten an, direkt hinter einer älteren Frau mit brauner Wildlederjacke. Die alte Dame fummelt fahrig an der Tasche ihres Rollators herum. Wenn ich Glück habe, braucht sie länger, dann kann ich mir in Ruhe alles ansehen.

Die Schlange wird immer kürzer. Die Kundin vor mir kauft drei verschiedene Käsesorten. In dieser Zeit habe ich meinen Liebling gefunden. Erleichterung macht sich in meinem Magen breit. Erst klopft sie nur an, lugt vorsichtig um die Ecke. Schließlich fasst sie sich ein Herz und zeigt sich ganz. Ein warmes, beruhigendes Gefühl.

Die Frau bezahlt. Ich sehe den Verkäufer direkt an und stutze. Anstelle der freundlichen blauen Augen des Chefs erblicke ich einen Dreitagebart und wüst gestylte braune Haare. Der junge Mann ist neu hier, kennt mich noch nicht. Und hinter mir stehen viele Leute, die nicht sehr geduldig aussehen. Nervös spiele ich am Saum meiner Jacke herum.

»Bitte schön«, lese ich von den schmalen Lippen. Seine Finger trommeln hektisch auf der Arbeitsplatte.

Entschieden deute ich auf den mittelalten Gouda mit Kräutern.

Er nickt, seine Lippen beginnen einen Satz zu formen, doch dann wendet er sich ab. Der Rest seiner Worte verschwindet im hinteren Teil des Wagens. Wahrscheinlich sucht er nach dem Messer, um ein Stück vom Laib abzuschneiden.

Ich warte. Der Verkäufer dreht sich um. Eine kleine Falte entsteht zwischen seinen Augenbrauen. Er will eine Antwort.

Mein Hals ist schlagartig trocken wie der uralte Käse in der ersten Reihe. Ich schlucke, doch es hilft nicht. »Hundert Gramm?« Kratzend kommen die Wörter heraus. Hoffentlich war es die richtige Antwort.

Aus dem Augenwinkel sehe ich, dass die Frau neben mir ihrem Freund etwas zuraunt. Meine Wangen werden heiß. Ich kann nicht erkennen, was sie sagt, aber so wie sie mich ansieht, geht es um meine Aussprache. Ich hasse es, zu reden.

Ohne ein weiteres Wort nehme ich den Käse in Empfang, zahle – mit einem großen Schein, weil ich den Preis nicht erkennen konnte – und mache, dass ich verschwinde.

Ich raffe den kleinen Rest Hoffnung zusammen, der sich irgendwo in meiner Brust versteckt hat. Wie ein kleiner Vogel sitzt sie in meinen Händen. Ein Spatz, der nervös hin und her hüpft und gegen meine Finger pickt. Ich halte ihn ganz fest und kämpfe mich durch zum Gemüsestand.

Dasselbe Bild wie zuvor. Als gäbe es Karotten umsonst, drängen sich die Menschen unter der grünen Markise. Ich gebe auf. Der scheue Vogel windet sich aus meinen Händen und fliegt davon. Schnell ist der kleine Punkt am Himmel verschwunden.

Niedergeschlagen schlurfe ich vom Domplatz. Wieder rempeln mich die Menschen an, als wäre ich unsichtbar. Meine Augen fixieren den Boden. Endlich geht das Kopfsteinpflaster in Asphalt über. Ich setze mich auf den Rand des Brunnens, der auf der anderen Straßenseite steht. Der Engel in der Mitte, der mir normalerweise gut gefällt, lacht mich heute aus. Ach, lasst mich doch alle in Frieden.

Ich ziehe die Beine an den Körper und schlinge die Arme um die Knie. So hocke ich da und starre die Menschen an, die freiwillig auf den Markt gehen. Die meisten sind nicht allein, gestikulieren angeregt und plappern, was das Zeug hält.

Ich bin allein. Für mich bleiben ihre Worte unverständlich. Wie der eiserne Engel kann ich nur zusehen. Selbst wenn ich einmal ein Bruchstück aufschnappen würde, könnte ich nicht mitreden. Wie auch, wenn die Leute, die mich hören, große Augen bekommen? Ich weiß nicht, was schlimmer ist: Die verschreckten, abweisenden Blicke oder die mitleidigen. Auch nach dreiundzwanzig Jahren habe ich mich noch nicht daran gewöhnt. Ich bleibe immer die Fremde. Die Komische. Jemand, den man besser ignoriert.

Plötzlich berührt mich etwas an der Schulter. Ich fahre herum wie von der Tarantel gestochen. Was zum ...

Neben mir auf dem Steinrand sitzt ein kleines Mädchen. Ihre braunen Augen weiten sich, als sie meinen Schreck bemerkt. »Alles okay?«, fragt sie vorsichtig.

Ich nicke und muss erst einmal tief durchatmen. Dann versuche ich ein Lächeln.

»Warum bist du so traurig?«

Ihre Lippen sind erstaunlich leicht zu lesen. Und ihre Sorge ist echt. Sie sieht mich so offen und besorgt an, dass mir ganz warm wird.

Dennoch traue ich mich nicht, etwas zu sagen. Ich zucke bloß mit den Achseln.

Einen Moment lang sieht sie mich nachdenklich an. »Kannst du nicht hören?«

Meine Finger verkrampfen sich. Ich zögere. Habe Angst, dass sie geht, wie all die anderen, wenn sie es weiß. Aber sie ist ein Kind. Ihr Blick ist so wachsam und ehrlich, dass ich vorsichtig den Kopf schüttele.

Statt eines weisen Kommentars, wie ich sie sonst immer sehe, schweigt sie. Ihr Blick wandert zwischen mir und dem Markt hin und her.

Auf einmal springt sie auf, dass ihre braunen Locken tanzen. Mit leuchtenden Augen greift sie nach meiner Hand und zieht mich hoch. »Komm ...« Vor Aufregung redet sie so schnell, dass ich nicht folgen kann. Als sie meinen verständnislosen Blick bemerkt, beruhigt sie sich. Deutet zuerst auf mich, dann auf sich und schließlich auf den Markt. Sie will mir helfen.

Ich will widersprechen, doch sie lässt mir keine Wahl. Das Mädchen läuft los und zieht mich hinter sich her, mitten zwischen die bunten Mäntel der Marktbesucher. Wieder bin ich von der Menschenmenge eingeschlossen.

Nervös krame ich in der Jackentasche nach dem Einkaufszettel und reiche ihn dem Mädchen. Ihre Augen blitzen, als sie ihn sich durchliest. Schnell erfasst sie die Situation und bahnt sich mit mir im Schlepptau einen Weg zwischen den murrenden Passanten hindurch.

Die Kleine führt mich genau zu dem Gemüsestand, bei dem ich zuvor aufgegeben habe. Als wir näher kommen, sieht einer der Verkäufer auf. Er zwinkert dem Mädchen zu. Sie winkt zurück, blickt über die Schulter und grinst mich zufrieden an.

Natürlich müssen wir warten, bis wir an der Reihe sind, aber das macht nichts. Ich kann ruhig die anderen Kunden betrachten und mir die Auslage ansehen – dieses Mal weiß ich, dass ich genau das bekomme, was ich brauche.

Nun wendet sich der Mann mit der dunkelgrünen Schürze uns zu: »Nele!«

So heißt sie also. Zumindest, wenn ich den Namen richtig gelesen habe.

»Was darf's denn sein, mein Schatz?« Kleine Grübchen graben sich in seine Wangen. Seine Augen sind vom selben warmen Braun wie ihre. Er muss ihr Vater sein.

Selbstbewusst bestellt sie meine Einkäufe. Er sucht die schönsten Früchte aus, die Tüte wird immer voller. Der zweite Verkäufer witzelt mit ihr herum und zieht Grimassen, die sie zum Lachen bringen. Zwar vernachlässigt er seine eigene Kundin etwas, doch die junge Frau bleibt gelassen. Aus belustigt glitzernden Augen erwidert sie meinen Blick. Wohlige Wärme erfüllt mich. Ich lächele ihr zu, offen und ehrlich und das, obwohl ich sie gar nicht kenne.

Jemand zupft an meinem Ärmel. Nele reicht mir die volle Einkaufstüte. Langsam und deutlich nennt sie mir den Preis und ich bezahle. Das Gewicht der Einkäufe zieht beruhigend an meinem Arm. Geschafft.

Sie strahlt mich an, sichtlich stolz auf sich. Überwältigt von ihrem Einsatz knie ich mich auf das Kopfsteinpflaster und schließe sie in die Arme. Ihr kleiner Körper drückt sich warm an meinen. Ihre Locken sind weich an meiner Wange. Nele hält mich fest. Das hat schon lange niemand mehr mit mir gemacht.

»Danke«, traue ich mich leise zu sagen.

Ein leiser Luftzug fährt durch meine Haare. Mit einem Lächeln auf den Lippen stehe ich auf. Mein Vogel ist wieder da. Meine Hoffnung. Der kleine Spatz flattert über mir, gar nicht mehr so scheu wie zuvor.

»Kommst du nächste Woche wieder?«, fragt das Mädchen.

Was für eine Frage! Ab jetzt gehe ich nur noch mittags auf den Markt. Dann kann ich nämlich sicher sein, dass sie auch da ist.

Ihr Vater sagt etwas. Gut gelaunt hüpft sie zu ihm hinter die Auslage. Ich suche den Blick der Verkäufer und nicke ihnen dankbar zu. Nele winkt überschwänglich – mit diesem Bild im Kopf wende ich mich zum Gehen.

Die Leute auf dem Markt machen mir keine Angst mehr. Sie sind genau wie ich hier, um etwas zu kaufen. Sie sind weder besser noch schlechter als ich. Ich blicke nach vorn, nicht mehr auf meine Füße. Der Boden fühlt sich mit einem Mal weicher an, die Luft frischer und die Sonne scheint wärmer auf meine

Haut. Ich schwenke die Einkaufstüte hin und her und verlasse beschwingt den Domplatz.

Der Spatz sitzt auf meiner Schulter und flattert fröhlich mit den Flügeln. So schnell wird er mich nicht mehr im Stich lassen. Danke Nele!

KÄLTE
Diana Bekova

Sie laufen an mir vorbei, wie Statuen. Ohne Mitgefühl. Ich strecke ihnen meine dreckigen, vor Kälte zitternden Hände entgegen. Ein flüchtiger, angewiderter Blick aus der Höhe. Der beißende Schmerz der Kälte durchbohrt meinen Körper, alles tut weh, aber ich spüre es nicht mehr so stark, ich habe mich daran gewöhnt, mich damit abgefunden.

Die Blicke schmerzen am meisten. Niemand hat eine Ahnung, jedoch weiß ich, was sie denken. »Er kauft sich von dem Geld nur Alkohol« – dabei trinke ich nicht.

Ich senke meinen Blick auf den Boden, es wird schon langsam dunkel, ich muss mir Gedanken über eine Mahlzeit machen, aber es gibt niemanden in dieser Stadt, der mich zum Abendessen zu sich nach Hause einladen würde und mir einen trockenen, warmen Platz zum Schlafen anbieten würde. Ich fühle mich fremd, nicht mehr menschlich.

Plötzlich höre ich ein Rascheln und Klirren über meinem Kopf, mein Hund fährt neben mir hoch, ich sehe die Freude in seinen Augen.

Vor mir sehe ich polierte Lackschuhe, ein Mann in einem Anzug. Er drückt mir fünfzig Euro in die Hand, ohne ein Wort zu sagen. Ich danke ihm, während er sich umdreht und weggeht.

Ich stehe auf und hebe die alte Decke vom Boden auf, nehme meinen Rucksack und lege den Schein gefaltet rein. Mein Magen knurrt, mein Hund schaut mich mit seinen runden, traurigen Augen an. Ich nehme seine Leine und er geht mir mit tapsenden Schritten hinterher. Nach wenigen Minuten mache ich einen Halt an einem Supermarkt, um Futter für meinen Begleiter zu kaufen. Ich fühle mich nicht wohl zwischen Menschen voller Vorurteilen und Ekel mir gegenüber. An der Kasse starrt mich die Verkäuferin fragend an, als ich ihr den Schein reiche. Sie würde mir nicht glauben, wenn ich ihr sagte, dass ein freundlicher Herr bereit war, mir so viel Geld zu geben.

Draußen hat es schon wieder angefangen zu schneien. Mein Hund springt mir entgegen. Auf dem Weg zum nahegelegenen Wald komme ich an einer Bäckerei vorbei und kaufe mir Brötchen vom Vortag, anschließend hole ich mir noch eine Currywurst, um am heutigen Abend nicht mit leerem Magen schlafen zu gehen. Ich gehe mit schnellen Schritten durch den Schnee, der Wind peitscht mir ins Gesicht.

Ich muss raus aus der Stadt, für die Nacht. Ich kann nicht einfach neben einem Geschäft oder auf der Parkbank neben einem Spielplatz schlafen, es würde die Leute verschrecken, denn keiner würde es akzeptieren, sie würden mich verscheuchen, mich beschimpfen. Mich macht es traurig, darüber nachzudenken, wie jeden Abend seit Jahren, den ich alleine verbringe. Dieses Leben hat keine glücklichen Tage und es gibt auch keine Menschen, die sich freuen würden, mich zu sehen. Sie sind alle gegangen, haben mich im Stich gelassen, allein ...

Im Wald angekommen, suche ich schnell einen Platz, wo ich über Nacht bleiben kann. Ich befreie den Boden vom Schnee und baue ein Zelt aus Ästen und Decken, um in Ruhe schlafen zu können. Aus meinem Rucksack krame ich das Hundefutter und mein Essen raus. Ich löse die Verpackung und stelle die Dose auf den Boden. Es ist kalt, sehr kalt, mit jeder Stunde, die vergeht, wird es kälter und der Boden gefriert.

Nachdem ich gegessen habe, lege ich mich mit meinem Hund unter mehrere Decken. Es ist stürmisch. Eine Weile liege ich da und denke an meine Familie. Ich bin allein, will an nichts denken, auch nicht daran, wie und ob ich den morgigen Tag überlebe. Es wird kälter und kälter und ich spüre meine Hände und Füße nicht mehr. Ich denke, so kalt wie in diesem Winter war es in den letzten drei Jahren nicht. Ich schließe meine Augen ...

STEVEN
Leonie Jankowski

Vorsichtig öffnete ich die Tür. Das Herz schlug mir bis zum Hals. Ich räusperte mich kurz und trat durch die schwere, dunkle Holztür. Im Inneren des Raumes wurde es ruhig. So ruhig, dass man die schmuddelige, alte, vergilbte Wanduhr ticken hören konnte. Ich spürte die Blicke der anderen auf mir. Ein kalter Schauer lief mir den Rücken herunter und verursachte eine Gänsehaut. Ich konnte förmlich spüren, wie sich jedes einzelne Haar meines Körpers aufstellte und ich hörte das schnelle Pulsieren meines Herzens in meinem Kopf wie einen gewaltigen, dumpfen Hammer, der immer wieder auf mich einschlug. Ich bekam Panik, hätte mich am liebsten mit einem Satz umgedreht und wäre ganz weit weggerannt. Egal wohin, nur weg. Doch ich konnte meine Beine nicht bewegen. Ich war wie erstarrt vor Angst. Tränen schlichen sich in meine Augen und mein Bauch begann zu rumoren, wie immer wenn ich mich unwohl fühlte. Ich versuchte ruhig zu atmen, doch dieser riesige, schleimige Kloß in meinem Hals schnürte mir die Kehle zu und daher bekam ich nur ein komisches Geräusch aus meinem Mund, was sich anhörte wie das Fiepen eines sterbenden Meerschweinchens. Das war der Gipfel aller unangenehmen Situationen. Ich spürte die Blicke der anderen auf mir ruhen. Angeekelt, geschockt, neugierig, fasziniert ... Obwohl ich sie nicht ansah, merkte ich, wie jeder einzelne mich angaffte. Im Grunde kannten sie mich gar nicht. Sie wussten weder, was in mir vorging, noch warum ich war wie ich war. Ihnen zu erklären, dass ich nicht ansteckend oder gefährlich war, wäre sinnlos gewesen. Sie würden mich niemals akzeptieren. Ich hatte das Gefühl, mein Körper würde explodieren. Jede einzelne Zelle brannte vor Scham und ich betete, ja flehte förmlich innerlich, dass dieser Moment endlich vorbeigehen würde. Ich hatte es satt, mich vor ihnen immer so schlecht zu fühlen. Ich war ein ganz normaler Mensch und doch schämte ich mich fast vor mir selber, wenn ich in ihrer Nähe war. Es war wie ein Spießrutenlauf. Ich wurde gemustert von oben bis unten, die Blicke bohrten sich in mich rein, verzehrten mich gierig. Sie sind alle wie ausgehungerte Tiere, die nach Fleisch lechzen. Ein Rudel von Löwen auf der Jagd nach einer einsamen Gazelle, verlassen von der Herde, fremd und fern von Gleichgesinnten. Die Gazelle war in dem Fall wohl ich und die Löwen waren meine Familie. Ich machte einen Schritt nach vorne. Ich wartete. Keine Reaktion. Sie starrten mich einfach an. Ohne ein Wort zu sagen. Das war das Schlimmste. Die Stille. Das Kribbeln auf meiner Haut wurde immer stärker. Als ob tausend Ameisen auf mir herumkrabbeln würden ... Ich zog meine Jacke aus und hängte sie an die Garderobe im Wohnzimmer. Ich sah mich um. Das war nicht meine Welt. Zitronengelbe Tapeten, Stuckdecken, Kätzchendeko und flauschige Sofakissen mit Spitze. Ich erschauderte. Das war nicht meine Welt. Das Geräusch einer Teetasse, die auf eine Untertasse geknallt wurde, fester als beabsichtigt, brachte mich zurück in die Gegenwart. Langsam ging ich auf das Sofa zu, auf dem niemand saß. Mein Stammplatz. Eltern, Großeltern, Tanten und Onkel. Sie alle verfolgten jeden meiner Schritte. Ich ließ mich nieder und versuchte ruhig zu atmen. In meinem Kopf malte ich mir bereits aus, wie ich einfach aufstehen und wegrennen würde. Ich knibbelte an meinen bereits viel zu kurzen, schwarz lackierten Fingernägeln. Ich wagte es nicht, meinen Blick zu heben und in die Augen meiner Eltern zu schauen. Ich wusste bereits, was ich dort sehen würde. Enttäuschung, Scham und Unverständnis. Es würde mir das Herz brechen. Ich atmete tief durch. Wie lange musste ich noch hier bleiben? Ich schaute unauffällig auf meine Armbanduhr. Nur noch eine Stunde. Gott sein Dank. Mein Herz pochte unaufhörlich. Selbst in einem Tigergehege wäre ich jetzt lieber gewesen als hier. Und dann kam das, wovor ich die ganze Zeit schon Angst hatte. »Ach Steven, hättest du nicht einfach mein Mädchen bleiben können?«, sagte meine Mutter und brach in Tränen aus.

DES RAUREIFS SILBERNES HEMD
Hannah Krömer

Meinen Selbstmord hatte ich mir immer sehr dramatisch vorgestellt.

Ziemlich blutig irgendwie, aber trotzdem nicht so abartig, dass die Leute, die mich finden würden, vor lauter Sorge darüber, wie man die Sauerei denn bitte wieder aus dem Teppich herausbekommen würde, mich vergaßen.

Ich wollte in einem, mit weinrotem Samt ausgelegten Sarg liegen.

Das dunkelbraune Walnussholz machte sich wunderbar mit den cremefarbenen, dicken Kerzen, die am Kopfende des Sarges um mich herum drapiert wären und harmonierte auf zufriedenstellende Weise auch mit meinem braunen Haar, das ich, extra für diesen Anlass, zu hübschen Korkenzieherlocken drehen würde.

Die Sorge, wie und wohin ich das monströse, sicherlich 100 Kilo schwere Erdmöbel schleppen würde, hatte ich erst mal aus meinem Kopf verdrängt. Es würde sich sicherlich ein netter, kräftiger Senior aus der Nachbarschaft finden lassen, der bei der Beerdigung seiner Frau den Sarg selber mittragen und nun schon mal üben wollte.

Für meinen ganz besonderen Tag hatte ich mir aus dem Internet einen Dolch bestellt.

So einen mit verschnörkeltem Griff und rubinroten Steinen am Ende des Griffes. Damit würde ich mir meine Pulsadern an beiden Handgelenken aufschneiden. Oder zumindest eine. Schlaftabletten würde ich sicherheitshalber trotzdem noch nehmen, man konnte ja nie wissen!

Meine persönliche Kirsche auf der Sahnetorte war allerdings mein Outfit: Ein cremefarbenes Hochzeitskleid, trägerlos, eng anliegend, nach unten weiter werdend, mit viel Tüll und Spitze. Das teure Stück verlieh dem Ganzen eine so tragische Note, dass ich fast geweint hätte.

Ich war so umsichtig, für meine unglückseligen, traumatagefährdeten Finder eine Box mit Taschentüchern bereitzustellen.

Dass ich niemals auf so eine Weise sterben würde, musste ich mir allerdings schon nach einer Minute übermütigen Tagträumens zerknirscht eingestehen.

Nicht die Finanzierung des ganzen Tamtams stellte ein Problem dar.

Es gibt immer Dinge, die das Leben lebenswert machen, Dinge, an denen das Herz hängt.

Einen endgültigen Schlussstrich zu ziehen, kann so leicht sein; für diejenigen, deren Verstand noch klar ist, ist es das nicht.

Ich wusste nie genau, wann ich klar dachte oder wann meine Gedanken der Wahrheit entsprachen.

Ich wusste nicht, ob meine Gefühle etwas waren, was ich mir vorgaukelte, oder ob meine Gefühle mir vorgaukelten, mir etwas vorzugaukeln.

Generell wusste ich ziemlich wenig über mich selbst.

Und das machte das Ganze so leicht. Und so schwierig.

* * * * *

Wirklich gewollt hab ich das nie!

Ich wollte niemandem Kummer bereiten, ich wollte nicht, dass sich irgendwer meinetwegen Sorgen macht.

Aber für seine Taten muss man geradestehen, auch, wenn ich zu meiner Verteidigung sagen muss, dass hier von »richtig« oder »falsch« nicht die Rede sein kann.

Es gibt kein »schuldig« oder »unschuldig«.

Es gibt nur den Weg zu mir selbst mit seinen dunklen Schatten, den hohen Bergen und den Sternen, die Staubkörnern gleichen.

Ich bin Rahel.

Manchmal mag ich die Rahel, die mir im Spiegel entgegenschaut.

Mit ihren dunklen Haaren und der Stupsnase ist sie eigentlich ganz niedlich.

Aber es gibt auch die Momente, in denen ich nicht Rahel sein möchte.

Dann bin ich die Rahel, die Teller kaputt macht, um sich damit in die Oberschenkel zu schneiden und dabei weint, weil sie sehnsüchtig darauf wartet, dass die äußeren Wunden die inneren überdecken.

Ich bin wahrscheinlich nur zu hart zu mir selbst. Ich werde schnell ungeduldig und aufbrausend und sauer.

Sauer auf mich selbst, sobald ich nicht meine hohen Erwartungen erfüllen kann.

Verrückte Erwartungen, die niemand erfüllen kann.

Aber trotzdem werde ich sauer.

Und das kann ich mir nicht verzeihen.

Ich kann mir nicht verzeihen, dass ich mich so grob behandelt habe und trotz aller Einsicht nicht damit aufhören kann.

Ich bin mit vorwurfsvollem Blick gegangen, obwohl ich mir nichts vorzuwerfen habe.

* * * * *

Ich werde versuchen, das zu erklären.

Nein, ich erwarte kein Verständnis. Das kann niemand verstehen.

Was wissen Sie von meinem Schmerz, wenn Sie mir in die Augen schauen?

Ich erwarte Akzeptanz. Ich bin ich. Ich bin Rahel mit vielen Narben.

Ich fange nun mit der Wahrheit an.

Es ist schwer, mich an alles zu erinnern.

Wenn man es das erste Mal tut, dann weiß man nicht, welche Steine man ins Rollen bringt.

Solch ein Schnitt im Leben, ob wörtlich oder sinnbildlich, bringt Veränderungen mit sich.

Draußen war es kalt und dunkel und friedlich.

Ich war allein und genoss die Zeit für mich.

Ewige Stille und weiche Bettwäsche, daran kann ich mich noch gut erinnern.

Wenn man so allein ist, dann ist man nicht vorbereitet auf das, was mir passierte.

Ich war allein und wirklich nicht vorbereitet auf das, was folgte.

Wieso auch? Es ging mir doch gut!

Aber plötzlich waren da diese Wut und diese Traurigkeit.

Die Wut wegen der Traurigkeit und die Traurigkeit wegen der Wut und mittendrin stand ich und wusste nicht, wie mir geschah.

Es machte mich rasend, es schien mich schier zu zerreißen, zu verbrennen.

Und gleichzeitig machte es mich stumpf und kalt, wie der Raureif, der sich wie ein silbernes Hemd um die sterbende Welt legt.

Ich schwöre, ich wollte das nicht!

In mir kämpfte etwas, dessen Namen, dessen Grund ich nicht kannte.

Es kämpfte gegen mich.

Ich musste es bekämpfen.
Ich musste die Traurigkeit bekämpfen.
Ich musste die Wut bekämpfen.
Die Traurigkeit aus mir herausbekommen.
Die Wut aus mir herausbekommen.
Alles Schlechte fortspülen.
Ja, fortspülen!
Ich hätte das niemals tun dürfen; es gibt keine Rechtfertigung für meine Tat.
Anstatt blindlings um mich zu schlagen, hätte ich Ruhe bewahren sollen.
Aber sobald das Blut in die Spüle tropfte, fühlte ich mich seltsam erleichtert.
Das Schlechte in mir war bestraft und gab Ruhe.
Es erschreckte mich.
Ich fing an zu weinen.
Was hatte ich bloß getan?
Ich wollte das nicht.
Ich wollte nicht anders sein.
Nur ich selbst.

* * * * *

Dann kam er.
Er war anders.
Timon wiederholte das Schuljahr und war bekannt dafür, dass er so gut Klavier spielen konnte.
Im neuen Schuljahr setzte er sich neben mich.
Im Gegensatz zu den anderen verurteilte er mich nicht.
Er beobachtete mich mit gesundem Argwohn und lächelte mich dann schüchtern an.
Es verblüffte mich.

Im Sommer ist es sehr heiß.

Seit ich auch kurzärmlig zur Schule ging, hatte mich bis jetzt keiner mehr angelächelt, ohne dass ich Mitleid oder impertinente Neugierde in den Augen des Gegenübers zu sehen geglaubt hatte.

Timon nahm meinen Arm, strich sanft über jede Narbe und flüsterte:

»Ich hoffe, du weißt, was gut für dich ist.«

Ich konnte nicht anders, als dankbar zurückzulächeln.

»Sich selber zu verzeihen, das kostet Zeit.«

»Aber du schaffst es.«

»Ich hoffe es jeden einzelnen Tag.«

»Und ich weiß es.«

* * * * *

Wir fingen an, uns zu treffen, Timon und ich.

Es ist eigenartig, wie gut einem ein einziger Mensch tun kann.

Man denkt, dass man sich für ewig hinter einer dicken Mauer verschanzt hat, aber das stimmt nicht, weil eine einzige Berührung sie niederreißen kann.

Wie an einem angenehm kühlen Morgen fing ich an, die frische Luft zu atmen und hatte das Gefühl, besser, reiner zu werden.

Timon ist schön und größer als ich, aber er ist nicht mein Typ.

Er ist wie ein Bruder.

Er gibt mir ein Zuhause, in dem ich mich sicher fühle, von dem ich in kindlicher Erwartung hoffen kann, dass alles wieder gut wird.

Wir gingen oft spazieren.

Wie zwei verirrte Kinder betraten wir die abgeernteten Felder, ein Schloss ohne Fenster und Türen, und wir waren König und Königin.

* * * * *

»Wo bin ich?«

»Du bist Zuhause.«

»Nein. Das hier ist nicht mein Zuhause. Ein Zuhause ist nicht kalt und dunkel. Wo bin ich?«

»Was ist denn ein Zuhause? Du bist bei dir. Wo sonst sollte dein Zuhause sein, wenn nicht in dir selber?«

»Aber mir ist so kalt. Ich möchte nicht hier bleiben. Ich hasse diesen Ort.«

»Und wenn du versuchst zu bleiben? Wenn du versuchst, Geduld zu haben? Bitte versuch es wenigstens!«

»Was soll ich denn tun? Ich bin allein.«

»Du bist nicht allein! Du darfst nur dich selber nicht allein lassen.«

»Aber ...«

»Nein! Schau, was du getan hast! Schau, was du dir angetan hast! Wie lange möchtest du das denn noch tun?«

»Ich möchte das nicht tun. Aber ich kann nicht anders. Ich möchte das nicht länger. Ich möchte weg und nochmal von vorne anfangen.«

»Du kannst nicht weg. Wie könntest du vor dir selber weglaufen? Hör einfach auf und fang an, mit dir selber neu anzufangen.«

»Aber wie? Wo soll ich anfangen? Es ist so viel und so schwer. Ich kann kaum atmen vor lauter Kummer und Schmerz.«

»Lass dir helfen!«

* * * * *

In Filmen sind Psychiater meist merkwürdige Gestalten mit grauem Vollbart und Sorgenfältchen.

Mit seriöser Miene analysieren sie das arme, geistig völlig verwirrte Opfer anhand kleiner Bewegungen und der Mimik und kritzeln dann in der Psychologengeheimsprache etwas auf ihr Klemmbrett.

Dann kommt die knallharte Diagnose.

»Mein Lieber, sie leiden unter einer ausgeprägten manischen Depression. Diese Schwankungen zwischen krankhafter Euphorie und niederschmetternder Trübseligkeit haben Sie völlig ausbrennen lassen. Außerdem schließe ich aus dem Zittern ihrer Hände und dem nervösen Blick eine akute Schizophrenie, in diesem Fall eine drogeninduzierte Psychose. Nehmen Sie Drogen?«

Der Angesprochene wird schuldbewusst nicken und den ehrwürdigen Seelenklempner von der Psychocouch aus verängstigt anschauen, um seine gerechte Strafe für solch eine Schandtat entgegenzunehmen.

Im selben Moment werden zwei kräftige Männer im weißen Kittel den Raum stürmen und den für unzurechnungsfähig Erklärten erst in eine Zwangsjacke und dann in eine Gummizelle verfrachten, wo er keinen Schaden mehr anrichten kann und für die gesunde Menschheit keine Bedrohung mehr darstellt.

Mittlerweile wird der ausgelaugte Psychiater mit einer übertrieben müden Handbewegung seine Hornbrille abnehmen, sich mit seiner schwitzigen Hand über das noch schwitzigere Gesicht fahren und dann bei seiner amerikanisch aussehenden Praktikantin einen extra starken Kaffee ordern.

Der Mann, der mich jetzt anlächelte, war ganz anders.

Seine Hand war angenehm warm und er trug auch keine Brille.

Der gemütliche Sessel, in dem ich saß, stand inmitten eines hellen, freundlichen Raums mit einigen Topfpflanzen und sonnengelben, transparenten Vorhängen.

Ich merkte, dass ich rot wurde.

Ich wollte nicht rot werden. Ich wusste doch, dass er mich beobachten würde.

Nervös lächelte ich zurück.

»Rahel, warum hast du dich dazu entschieden, zu mir zu kommen?«

Auf diese Frage war ich schon vorbereitet. Das war doch die typische Therapeutenfrage der ersten Sitzung. Erst mal den Wurm im Apfel ausfindig machen.

Trotzdem fiel mir die Antwort schwer.

Ja, warum war ich eigentlich hier?

Ich hatte Weinanfälle und Wutausbrüche, die gegen mich selbst gerichtet waren, aber den Grund verstand ich selber nicht.

Und das Unverständnis machte die Weinanfälle und die Wutausbrüche nur noch schlimmer.

Das erzählte ich jetzt auch meinem neuen Therapeuten.

Keine ausschweifenden Exkursionen in die vermasselte Kindheit, denn die war wirklich behütet gewesen.

Meine Eltern hatten sich nicht getrennt, mit meinem jüngeren Bruder kam ich gut klar. Ich gehörte in der Schule stets zu dem guten Mittelmaß, sei es in meinen Leistungen oder in meinem Freundeskreis.

Meine Psyche hatte keinerlei Grund, sich zu beklagen.

Glaubte ich.

Jetzt war ich mir nicht mehr so sicher.

Schließlich fängt niemand grundlos an, sich tiefe Schnitte zuzufügen, in dem Versuch, den uferlosen Schmerz einzugrenzen.

Ich war verwirrt und verunsichert.

Und deshalb war ich hier.

Mein Therapeut ließ mich erzählen, auch wenn mir die Sätze nur stockend und in großen Abständen über die Lippen kamen.

Ich wusste schließlich selber nicht genau, was ich erzählen sollte.

Hätte ich mich schon durchschaut, dann säße ich wohl nicht hier, oder?

Ich wollte so genau wie möglich sein. Dem Therapeuten im Prinzip schon selber eine Diagnose liefern.

Aber mein Selbst war etwas, das ich nicht fassen konnte.

Ich war mir so fremd geworden, war so in mir verirrt, dass ich nicht mehr wusste, wer ich wirklich war.

Diese Einsicht machte mich ungeheuer traurig.

Ich wollte nicht weinen, aber als ich mich plötzlich, wie eine andere Person, von außen betrachtete und mich in meinem ganzen Elend, meiner ganzen Hilflosigkeit sah, da tat ich mir schrecklich leid.

Also weinte ich und musste gleichzeitig lachen, weil es doch furchtbar klischeehaft war, beim Therapeuten die Fassung zu verlieren und alles aus sich herauszuheulen.

Selbst nach der Box mit den Taschentüchern konnte mein Therapeut greifen, ohne aufstehen zu müssen.

Ich weinte und weinte, bis sich ein Gefühl der Erleichterung in mir breit machte und ich einmal befreit ausatmen konnte.

Am Ende der Sitzung machten wir einen nächsten Termin aus.

Als ich auf die Straße trat, fühlte ich mich ein bisschen beschwipst und fast euphorisch.

Zur Therapie zu gehen, war gar nicht so schlimm. Ich kam mir vor wie etwas Besonderes. Ein etwas gestörtes Mädchen, das ihre Probleme ernst nimmt und sie bekämpfen will.

Vielleicht würde ja alles gut werden.

* * * * *

Mein Therapeut hatte mir gesagt, dass ich alles, was ich fühlte, nur in Extremen erlebte.

Als ich darüber nachdachte, musste ich ihm ziemlich schnell zustimmen.

Wenn es mir gut ging, dann ging es mir nicht nur gut; ich war quasi in einem euphorischen Rausch, der sich über den ganzen Tag ziehen konnte.

Ich wusste dann meist gar nicht, wohin mit der ganzen Liebe, die ich für mein Leben empfand, ich war aufgedreht und rannte mit einer Energie durch den Tag, die ich in einer ganzen Woche ohne Euphorieschub nicht einmal annähernd zusammengekratzt bekommen hätte.

Ich lächelte jedem, der mir entgegenkam, zu und mich selber lächelte ich auch an.

Ich fühlte mich leicht und unbeschwert.

Ich hätte am liebsten jedem ins Gesicht geschrien, wie toll das Leben doch sei.

Aber es gab auch das andere Extrem.

Es war das Extrem, vor dem ich mich fürchtete. Etwas, vor dem ich mich wirklich, wirklich fürchtete, denn wenn mich der Rausch von Wut und Trauer überkam, dann war ich nicht mehr ich.

Ich war, wie besessen und konnte mich nicht mehr kontrollieren.

Ich hoffe, Sie können das verstehen, wenn ich es so erzähle. ›Besessen‹, das klingt so übertrieben. In der Tat war es aber so, dass außer der Wut und der Trauer kein anderes Gefühl mehr in mir vorhanden war. Es war wie eine Grippe, die nicht mein Immunsystem, sondern meine Gedanken befallen hatte.

Wut und Trauer hatten überhandgenommen und wollten nichts sehnlicher, als mir weh zu tun, denn ich war es nicht wert, zu leben.

Ich war stumpf und aufgewühlt gleichzeitig, wenn ich meine Klinge aus der Schreibtischschublade holte und ins Badezimmer ging.

Den Schmerz spürte ich kaum, ich kannte ihn mittlerweile viel zu gut.

Sobald das dunkle Blut zäh aus den tiefen Schnitten quoll, zogen Wut und Trauer sich zurück und hinterließen ihre Selbstgefälligkeit, die sich zufrieden in mir räkelte und sich darüber freute, es wieder einmal geschafft zu haben, meinen Willen zu brechen.

Mechanisch wie ein Roboter säuberte ich Klinge und Waschbecken, überprüfte, ob ich irgendwo Blut hinterlassen hatte und wickelte meinen Arm in eine Mullbinde ein.

Erst wenn ich den weißen Verband sah und den pochenden Schmerz spürte, der immer stärker in mein Bewusstsein trat, kam ich wieder zur Besinnung.

Wütend versuchte ich meist, meine Tränen zurückzuhalten.

Ich fühlte mich elend und verschmutzt. Leer und kraftlos.

Innerlich und äußerlich verletzt und gebrochen.

Leise schlich ich mich in mein Bett, mit einem schlechten Gewissen und wundem Herzen.

Wenn ich auf der weichen Matratze lag, merkte ich erst, wie müde ich war.

Vielleicht sollte ich schlafen und einfach nicht mehr aufwachen.

Ich war es so leid, immer wieder aufzustehen, um doch wieder zu fallen.

* * * * *

Ich fühlte mich zu schlapp, um zur Schule zu gehen.

Besorgt sahen mich meine Eltern an, als ich ihnen eines Morgens verkündete, mir ginge es nicht gut, ich würde heute lieber zuhause bleiben.

Seit ich ihnen alles gebeichtet hatte, gingen sie vorsichtiger mit mir um.

Nicht, dass sie jemals grob gewesen wären. Aber nun behandelten sie mich wie etwas, das jeden Moment zerbrechen könnte. Es war rührend und verletzend zugleich.

Ich verkroch mich zurück in mein Bett, zog meine Bettdecke bis über den Kopf, sodass nur noch ein kleiner Spalt zum Atmen da war und fragte mich zum unzähligsten Mal, was denn falsch mit mir war.

Immer noch keine Antwort. Immer noch dieselbe Ratlosigkeit.

Man sollte denken, ich lernte mit der Zeit dazu, aber man kann nicht aus Fehlern lernen, die man nicht versteht.

Den ganzen Tag dümpelte ich vor mich hin, lag im Bett, versuchte zu schlafen.

Am Nachmittag kam Timon.

Er setzte sich neben mich aufs Bett, kuschelte sich ebenfalls mit unter die Decke und legte dann einen Arm um mich.

»Du siehst scheußlich aus.«

»Vielen Dank.«

Leise lachte er und strich mir eine meiner dunklen Haarsträhnen aus dem Gesicht.

»Der Sitzplatz neben mir war heute furchtbar leer. Willst du mir das noch einen weiteren Tag lang antun?«

Diesmal verzog ich keine Miene.

Die Wahrheit war, dass ich mittlerweile fast schon Angst hatte, in den Alltagstrott zu verfallen.

Morgens aufstehen, zur Schule gehen, nachmittags nach Hause kommen, Hausaufgaben erledigen, eventuell lernen. Und wenn ich abends endlich zur Ruhe kam und meine Gedanken freien Lauf hatten, dann schnitt ich mich.

»Ich weiß es nicht.«

Nach Halt suchend drückte ich mich an Timons Schulter und er nahm sanft meine Hand.

»Es ist keine Schande, hilflos zu sein, Rahel«, flüsterte er.

»Es wäre nur eine Schande, wenn du dir nicht helfen lassen würdest.«

Seine Worte trafen mich und ich versuchte, den Kloß in meinem Hals herunterzuschlucken.

»Aber ich lass mir doch helfen; ich geh doch seit fast einem halben Jahr schon zur Therapie!«, versuchte ich mich kläglich zu verteidigen.

»Vielleicht ist es nicht genug Hilfe. Ich möchte dich wieder glücklich sehen. Du bist so wunderbar. Ich tue, was ich kann, aber ich kann nicht genug tun. Du musst jemanden finden, der dir zeigen kann, wie du dich selber wieder im richtigen Licht sehen kannst.«

Ich dachte über seine Worte nach. Vielleicht hatte er Recht.

»Ich will einfach nur, dass das alles aufhört. Es ist mir egal, welchen Weg ich gehe.«

* * * * *

Ich habe erst mit meinen Eltern gesprochen, dann mit meinem Therapeuten.

Nach gründlichem Überlegen habe ich mich in die Klinik, die Kinder- und Jugendpsychiatrie, einweisen lassen.

Ich sehe es nicht als einen Schritt nach hinten, sondern als einen Schritt nach vorne.

Ich sehe es als einen Lageplan, der mir eventuell den Weg aus dem Irrgarten weisen und mich zu mir selbst führen wird.

Vielleicht verstehen Sie mich nun besser.

Ich möchte, dass Sie mir helfen, denn ich bin bereit, mir helfen zu lassen.

Schritt für Schritt möchte ich wieder zu mir finden.

Und auch wenn der Schmerz tief sitzt und meine äußeren Wunden vielleicht für immer bleiben werden, so hoffe ich doch, dass mein Herz heilen wird und dass ich es schaffen werde, mich zu akzeptieren.

Ich bin ich. Ich bin Rahel mit vielen Narben.

Ich bin Rahel auf dem Weg zu mir selbst.

SOMMARFEST
Katharina Kötter

Es war den ganzen Sommer sehr heiß gewesen. Beinahe unerträglich schwül stand die Luft über dem kleinen finnischen Dorf, während ein Luftstrom kläglich über die gelben Felder strich. Der Wind, nach dem sich alle sehnten, würde nicht kommen.

Langsam fuhr er die nicht ausgebaute Straße entlang auf dem Weg zu einem schönen alten Haus, gelegen zwischen dem letzten Bauernhof und dem Wald. Seit dem Krieg zwischen Finnland und Russland, beinahe länger, standen die Mauern mit den großen grünen Grasflächen schon da. Alles daran sprach das Wort »ehrwürdig« aus jeder der großen Poren im Gestein. Der Schotter knirschte unter seinen Schuhen, als er ausstieg und seiner Freundin Agneta half, ebenfalls aus dem Wagen zu steigen, und er sehnte sich nach einem kühlen Getränk, nach der letzten Nacht jedoch nach etwas Anti-Alkoholischem. Das alljährliche ›Sommarfest‹ stand am Tag zuvor bei der Familie Sommar an, die einen Teil der exklusiven Minderheit der schwedisch-finnischen Bevölkerung in Finnland bildete. Dieser Morgen wurde genutzt, um nach dem Fest noch einmal bei einem Brunch alle zu sehen und zu verabschieden. Die Freunde und Verwandten der Familie in Hörweite unterhielten sich ebenfalls auf Schwedisch über die heiße Wetterlage und die laue Politik der nächsten Wahlen. Dieser extrem schwüle Tag war der Tag nach dem Fest und brachte manchen zerknautschten Kopf um den wohlgepflegten Verstand. Es standen viele Leute am Eingang. Manche schüttelten lachend ihre Haare nach hinten, während sie an ihrem Glas nippten und andere sahen sich nach den Gesichtern um und hofften, sie nach der gestrigen Nacht wiederzuerkennen. Er ging auf seine Freunde am Eingang zu und blinzelte durch die zusammengekniffenen Augen, bis er den rettenden Schatten des Hauses erreicht hatte. Beiläufig begrüßte er alle mit einem »Hej« und starrte vergnügt in die Runde. Er war mitten in die Rekapitulation der Ereignisse der letzten Nacht hineingeraten, über die sich mit leisem Raunen unterhalten wurde. Neugierig versuchte er die Erlebnisse zusammenzupuzzeln, sodass die Teile erneut ein Bild ergaben. Alle waren in der vergangenen Nacht ihre eigenen Pfade gegangen und suchten nun nach den gemeinsamen Knotenpunkten. An was er sich erinnerte, konnte er nicht genau sagen, dennoch wusste er, es war ein gutes Fest gewesen. In einem kleinen Restaurant hatten die 87 Gäste gegessen und sich nachher an die Bar begeben. Ab diesem Zeitpunkt fingen die Fäden an sich zu verfangen.

Der Sohn der Gastgeberin, Sven, kam durch die offene Tür und begrüßte sie herzlich. Er sei froh, dass sie es aus dem Bett geschafft hätten, sagte er lachend. Während er weiterredete, tauchte hinter ihm eine junge Frau auf und schaute ihn kurz und verschreckt an, um sich dann schnell ein Ziel beim nahen Obstbaum zu suchen. Natürlich erinnerte er sich an sie und an ihren markanten scheuen Blick. Sie war Svens neue Freundin, der in diesem Moment seine Freunde mit der Geschichte eines Vorfalls auf der Tanzfläche unterhielt. Sven, so erinnerte er sich nun, hatte sie auf einer langen Reise kennengelernt und sie verstand weder Finnisch noch Schwedisch, doch beherrschte wunderbares Englisch. Nach längerem Starren auf ihr Gesicht fragte er verlegen nach ihrem Namen. »Sara«, sagte sie kurz mit einem Schmunzeln. Gerade in dem Moment, als er sich wegdrehen wollte, bemerkte er, dass ihre Augen nicht mitschmunzelten. Sara schien unruhig, ließ ihre Augen schweifen und starrte ungeduldig durch die menschenvollen Räume, scheinbar auf der Suche nach etwas oder jemandem, an dem sie sich festhalten konnte. Ihr Blick streifte ihn, aber ihre Augen blieben glasig, so als würden sie nicht den gleichen Sommertag sehen wie er. Er sagte etwas zu ihr. Zweimal blinzelnd schaute sie ihn an und er fragte erneut: »Wie fandest du das Fest? Es war doch bestimmt aufregend, da du so etwas sicher nicht von Zuhause kennst«, und stellte so nur umso mehr heraus, dass sie nicht von hier kam. An und für sich war sie ein hübsches Mädchen und trotzdem wirkte alles an ihr fremd. Sie wollte nicht so ganz zur Segeltuch-Romantik des Hauses passen.

»Es war sehr schön, nur wurde ich leider zu schnell müde. Ich hätte mich gerne mehr mit vielen unterhalten.« Ihr Akzent war nichtssagend. Woher stammte sie noch mal? Er versuchte es in ihrer Mimik zu lesen, ihre Gesten zu verwerten, doch er konnte es nicht sagen. Je länger er sie ansah, wie ihre Wimpern wieder und wieder auf und ab zuckten, nur um den nervösen Blick dahinter zu verbergen, bemerkte er, wie unangenehm ihr die Stille war, als er nicht sofort antwortete. In diesem Moment verhedderte sich sein Schwedisch mit Englisch und ergab einen kaum erkennbaren Satz. Er stolperte darüber und war froh, dass Sven sich gerade herübergelehnt hatte um ihr einen leichten Kuss zu geben, den sie annahm. Sekunden später nur drehte sie sich um und sagte etwas in leisem Englisch. Wie sie sich wohl hier einfügte, wenn alle um sie herum Schwedisch sprachen? Das Paar wechselte einige Worte und ging hinein und er war glücklich, sich seinen Freunden zuwenden zu können.

In schön schallendem Schwedisch trällerte seine Freundin Agneta das Lied, zu welchem sie gestern getanzt hatten und küsste ihn unbeschwert auf den Mund. Ihre blauen Augen glänzten trotz der durchgemachten Nacht hell und ihre hellblonden Haare saßen unordentlich wie üblich. Diese Unbeschwertheit liebte er so an ihr. Das weiß-blau gestreifte Hemd und ihr blauer Rock bewegten sich ins Haus. »Wie heißt die neue Freundin von Sven? Laura?«, fragte sie, nachdem sie ihre Gläser gefüllt hatten. »Sara«, antwortete er kurz und fügte noch hinzu: »Ich kann mich aber nicht erinnern, woher sie kommt. Du etwa?« »Nein. Ich habe sie gestern mit Sven draußen sitzen sehen. Er war schon etwas mehr als angetrunken, glaub ich, und sie hat ihm etwas erzählt und ihn danach geküsst.« Agneta lachte auf: »Die beiden sind süß miteinander, aber ich hab noch nicht viel mit ihr gesprochen, und um ehrlich zu sein, mag ich es auch nicht. Sie wirkt immer so abwesend.« Er schaute sich um. Sara stand allein in einer Ecke im Zimmer, denn Sven ging seiner Gastgeberrolle nach. Zwischen all dem Weiß, das hierzulande alle gerne trugen, fiel sie auf. Fremdartig stand sie dort in gedeckten Farben und wechselte ihr Gewicht von einem Fuß auf den anderen, während sie an ihrem Glas nippte. Die Runzeln auf ihrer Stirn wurden zunehmend größer. Wonach ihre Augen wohl suchten? Nach einem Stück Heimat vielleicht, oder nach einem Stück Vertrautheit? Als sie seinen Blick bemerkte, schenkte sie ihm ein Lächeln, ging langsam und unbestimmt durch den Raum und wandte sich einer Gruppe Mädchen zu. Als sie sich dazustellte, wurde sie sofort auf ihre schöne Kette angesprochen, doch sobald Saras Antwort ihren Mund verlassen hatte, nickten alle und unterhielten sich weiter über ihre Kleider des gestrigen Tages, auf Schwedisch. Wenn er Sara so ansah, merkte er, dass sie enttäuscht war. Die Mädchen um sie herum begannen anzustoßen, traditionsgemäß erst mit dem unteren Teil des Glases, dann mit dem oberen. Sie lachten und Sara versuchte, als sie an der Reihe war, es ihnen ein wenig zappelig nachzutun, begab sich danach jedoch schnellen Schrittes gen Küche.

Während er Sara noch aus der Ferne beobachtete, trat Sven an ihn heran und klopfte ihm auf die Schulter. Die beiden waren schon lange Freunde und er konnte nicht umhin, Sven einige Sachen zu fragen, die er selbst als unangenehm empfand. »Sag mal Sven«, begann er nach ein wenig Unterhaltung über die Getränke des letzten Abends, »wie ist das so mit Sara? Sie wirkt auf mich ein wenig gestresst hier in der Runde.« Sven drehte sich einmal um die eigene Achse: »Wo ist sie denn schon wieder? Sie ist immer in Bewegung, irgendwie hält sie nie still und braucht immer etwas zu tun. So war das aber auch schon, als wir uns kennen gelernt haben. Wie ein kleiner Wirbelwind.« Er lachte, aber als er die ernste Miene seines Freundes sah, hörte er auf. »Weißt du, Agneta hat mir gerade erzählt, sie hat euch beide gestern Abend draußen auf der Bank reden sehen und ich hab mich gefragt, ob es Probleme gab zwischen euch.« Sven verzog das Gesicht, als ob er versuchte, sich an alles zu erinnern. Er hatte wohl wirklich ein paar über den Durst getrunken.

»Ah ja, als ich sie nicht mehr auf der Tanzfläche finden konnte, habe ich sie gesucht und draußen alleine auf der Bank gefunden. Sie meinte zwar, sie bräuchte nur ein wenig frische Luft, aber ich glaubte es ihr nicht. Sara will nie, dass ich sie traurig sehe.« Sven machte eine kurze Pause. Er versuchte seine Unsicherheit mit gespieltem Nachdenken zu verheimlichen und setzte nach einem Seufzer wieder an: »Als sie anfing zu weinen, wusste ich nicht, was ich sagen sollte. Immer hat sie mir gesagt, sie fühle sich wohl bei mir und dass alle nett zu ihr sind, aber nie hat sie verraten, dass sie glaubt, meine Freunde interessieren sich nicht für sie. Sogar, dass ihr sie meidet, weil sie gedacht hat, dass sie langweilig wäre. ›Weil ich eben nicht so wirklich hierher passe‹, meinte sie. Ich war ein wenig bedrückt, das zu hören. Seit wir uns kennen, entdecke ich ständig etwas Neues an ihr. Ich habe ihr dann nur gesagt, dass sie nun zu mir gehört und dann hat sie mich zum Glück geküsst.« Er grinste freudig. Selten hatte er seinen Freund so verliebt gesehen.

Aber in gewisser Weise hatte Sara recht. Sie war nicht wie die Anderen hier und würde es wahrscheinlich auch nie sein, doch wenn Sven ihre Eigenart lieben konnte, war hier vielleicht doch Platz für sie. Er sah, wie die Mädchen von vorhin Sara begutachteten und verstohlen zu ihr hinüberguckten, als sie sich auf die Veranda setzte. Interessant war sie, wie ein bunter Panda saß sie exotisch in ihrer Mitte und wurde beschaut, wenn sie selbst nicht hinsah. »Das Fremde ist nur bunt, solange man es nicht näher kennt«, dachte er sich und sah sie nochmals genau an. Sie war nun ruhiger und ließ den aufgeweckten Blick durch die Baumkronen schweifen. Er setzte einen Fuß nach vorne und ging auf die Veranda hinaus.

Der Sommertag war außerordentlich schön und die Wiese im Garten leuchtete verlockend. Die Geschehnisse der letzten Nacht lagen noch immer in der Luft, aber warfen keine Fragen mehr auf. Auf der Brüstung der Veranda saß Sara und blickte in die Ferne, fächerte sich mit einer Zeitung Luft zu und wartete auf Wind. Er setzte sich dazu und hielt ihr sein Getränk hin.

NACHWORT DES VERLAGES UND DER PROJEKTLEITUNG

Vom Klassenzimmer auf das Treppchen bei der Frankfurter Buchmesse. Hier in Münster? Und wie? Ganz einfach!

Zehn Jahre ist es nun her, dass der StadtGeschichten-Wettbewerb zum ersten Mal ausgeschrieben wurde und mittlerweile ist er zu einer kleinen Tradition in Münsters Kulturlandschaft avanciert. Dabei ist vor allem das Konzept des Projektes ausschlaggebend für den Erfolg und die großartige Resonanz – gemeinsam mit einem hilfsbereiten Schirmherren, der Stadt Münster und einer ganzen Reihe von kompetenten und engagierten Partnern, Münsters junge Autorinnen und Autoren zum Schreiben und gerade auch zur Auseinandersetzung mit sowohl spannenden und lustigen als auch kritischen und aufreibenden Themen zu ermuntern. Dabei wird uns immer wieder deutlich, dass die Literatur in all ihren Facetten doch nicht so antiquiert oder gar unmodern zu sein scheint, wie man es ihr nachsagt – sind es doch Kinder und Jugendliche, an die sich die StadtGeschichten richten und die uns mit der Vielzahl ihrer Einsendungen und der Verschriftlichung ihrer Gedanken jedes Mal aufs Neue begeistern und fesseln.

Unter dem diesjährigen Motto »FremdSein« wollten wir an den Erfolg der letzten Jahre anknüpfen und Münsters Autorinnen und Autoren erneut die Möglichkeit und den Rahmen zur phantasievollen Auseinandersetzung mit ihrer Lebenswelt geben. Wir sind froh, rückblickend sagen zu können, dass uns dies gelungen ist.

Wir alle fühlen uns irgendwann einmal fremd oder waren es schon, haben also die Erfahrung des Fremdseins gemacht und wir werden uns, mit hoher Wahrscheinlichkeit, auch wieder als fremd oder aber entfremdet betrachten müssen. Kurzum, das Fremde ist uns doch vertraut, übt dem ungeachtet durch sein abstraktes Wesen, je nachdem ob die Neugier oder die Angst des Menschen vor dem Unbekannten die Oberhand behält, eine faszinierende Macht auf unseren Geist aus. Man bedenke nur, welche Bedeutung diesem Grundgedanken in Genres wie Horror, Mystery oder Science-Fiction, um nur einige zu nennen, beigemessen wird. Mit dem Fremden, dem Andersartigen konfrontiert zu werden, gibt uns immer wieder Rätsel auf. 700 Jahre von *Deus vult* zum *West-östlichen Divan*, von Aversion zur Faszination zeigen, was es uns abverlangen kann, dieses unbekannte – ja oft nur – Gefühl, das uns in all seinen Formen tagtäglich begleitet.

Gerade heute, im schnelllebigen digitalisierten Informationszeitalter, wo kaum noch Raum und Zeit bleiben, sich dem Fremden zu entziehen, hat uns die Frage interessiert, welchen Stellenwert das Fremdsein gerade für junge Menschen einnimmt und wie die Schüler diese Erfahrung kreativ umzusetzen vermögen. Erwartungsvoll harrten wir aus, bis uns die ersten Einsendungen der jungen Münsteraner erreichten und uns wurde klar, dass wir mit der Thematik ins Schwarze getroffen hatten.

Die rege Teilnahme an den StadtGeschichten 2012 hat uns ermuntert, den Einsendeschluss hinauszuzögern, die Vielfalt und der Ideenreichtum der Jugendlichen zu unserem Thema haben schlichtweg begeistert. Das Spektrum der Geschichten reichte von der Selbsterfahrung ergreifender Verlustszenarien über die Frage nach dem fragilen Zustand des Bewusstseins bis hin zu sprachlich wunderbar ausstaffierten Phantastereien. Autobiographische Züge waren unverkennbar und haben uns in der Annahme bestätigt, dass viele Schüler dieses Thema besonders emotional anspricht. Herausgekommen ist nun dieser Sammelband der Siegertexte unseres diesjährigen Wettbewerbs.

Wir möchten uns bei unserem Oberbürgermeister Markus Lewe, der Stadt Münster und allen Partnern und Sponsoren, die diesen Wettbewerb erst möglich gemacht haben, für die aktive Unterstützung ganz herzlich bedanken. Vor allem gilt unser Dank den jungen Autorinnen und Autoren Münsters, die die StadtGeschichten 2011/2012 mit Leben gefüllt und uns die Chance gegeben haben, uns an ihren Gedanken teilhaben zu lassen. Auch für die Zukunft wünschen wir uns ein Fortbestehen all der tollen Kooperationen sowie eine stets rege Teilnahme, um die StadtGeschichten noch viele Jahre weiterführen zu können.

Wir hoffen, dass beim Lesen der Geschichten dem einen oder anderen bewusst wird, dass sich literarisch zu betätigen sowie die eigenen Gedanken und Ideen zu Papier zu bringen, gerade für Jugendliche äußerst lohnenswert ist. Denn hier liegt auch bei der fünften Auflage der StadtGeschichten unsere Motivation, aus dem dieser Schreibwettbewerb hervorgeht: Jungen Menschen eine Chance zu bieten, mit ihren Gedanken ihrer Generation eine Stimme zu geben.

Tom van Endert und Johannes Monse
Verlagsleiter des Verlagshauses Monsenstein und Vannerdat

Henrike Knopp, Kai-Uwe Krüger und Friederike Mittag
Projektleitung

StadtGeschichten 2012
ist eine Initiative des Verlagshauses Monsenstein und
Vannerdat Münster in Zusammenarbeit mit:

Livingpage
Stadt Münster
Frankfurter Buchmesse
Schäpers Kiepenkerl Reisen
Volksbank Münster eG
Thalia Buchhandlung
Cineplex Münster
Kulturamt Münster

Schirmherrschaft
Markus Lewe

StadtGeschichten-Jury
Ulrich Elsbroek
Andrea Hanke
Winfried Pielow
Wendela-Beate Vilhjalmsson

Projektleitung
Henrike Knopp
Kai-Uwe Krüger
Friederike Mittag